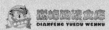

中华传统美德百字经

争·敢于斗争

于永玉 董玮◎编

U0106051

一段历史之所以流传千古，是由于它蕴涵着不朽的精神；一段佳话之所以人所共知，是因为它充满了人性的光辉。感悟中华传统美德，获得智慧的启迪和温暖心灵的感动；品味中华美德故事，点燃心灵之光，照亮人生之路。

天津人民出版社

图书在版编目（CIP）数据

争：敢于斗争 / 于永玉，董玮编. —天津：天津
人民出版社，2012.3
　（巅峰阅读文库. 中华传统美德百字经）
　ISBN 978-7-201-07501-3

　Ⅰ．①争… 　Ⅱ．①于… ②董… 　Ⅲ．①品德教育—中
国—通俗读物 　Ⅳ．① D648-49

中国版本图书馆 CIP 数据核字 (2012) 第 058287 号

天津人民出版社出版

出版人：刘晓津

（天津市西康路 35 号　邮政编码：300051）

邮购部电话：（022）23332469

网址：http://www.tjrmcbs.com.cn

电子信箱：tjrmcbs@126.com

永清县晔盛亚胶印有限责任公司印刷　新华书店经销

2012 年 3 月第 1 版　2012 年 3 月第 1 次印刷

690×960 毫米　16 开本　10 印张　字数：100 千字

定价：19.80 元

中国是一个具有悠久历史和灿烂文化的文明古国，也是举世闻名的礼仪之邦。在历史的长河中，中华民族创造出了绚丽多彩的物质文化和精神文化，为人类的发展和进步作出了重要贡献。其中，中华民族的传统美德被大家代代传承。

那么，什么是传统美德？什么是中华民族的传统美德呢？通常来说，传统美德就是在自觉或习俗的道德规范中，一些被大多数人所接受并实际奉行的，而且在现代仍发挥积极影响的那些美德。具体到中华民族传统美德，概括起来就是指中华民族优秀的民族品质、优良的民族精神、崇高的民族气节、高尚的民族情感以及良好的民族礼仪等，是中华民族在历史实践过程中积累而成的稳定的社会优秀道德因素，体现在人们生活的方方面面，涉及政治、经济、文化、意识等领域，并通过社会心理结构及其他物化媒介得以代代相传。

经过长期的历史沉淀，中华传统美德已融入到中华民族的思想意识和行为规范当中，成为社会道德文化的遗传基因，成为整个中华民族文化的精神内涵，也是中华五千年文明史的精髓所在。继承和弘扬中华民族传统美德，可以振奋民族精神，增强民族自尊心、自信心、自豪感和凝聚力；使社会主义道德规范具有更丰富的内涵，让社会主义、集体主义、爱国主义思想等更加深入人心，成为社会主义文化的主旋律。同时，还可以更好地协调人际关系，促进社会主义市场经济的健康发展，形成有中国特色的、适应社会发展的价值观和伦理道德规范。

I

国民的思想道德状况，尤其是青少年的思想道德状况，直接关系着一个国家、一个民族的整体素质，关系着国家前途和民族命运。目前，我国已进入改革发展的新时期新阶段，德育教育的价值和意义更是日渐凸显。大力弘扬中华民族传统美德，建设社会主义核心价值体系，促进社会主义文化的发展和繁荣，是建设全面小康社会的主要任务，更是实现中华民族伟大复兴的必然要求。因此，党中央非常注重我国公民道德建设，全社会也已形成了加强和改进思想道德建设的新风尚。

　　青少年是国家的希望，是民族不断发展和延续的根本，因此，青少年德育教育就显得更加重要。为了增强和提升国民素质，尤其是青少年的道德素质，我们特意精心编写了本套丛书——《中华传统美德百字经》。

　　本套丛书立足当前公民，尤其是青少年思想道德教育的现实，将中华民族的传统美德归纳为一百个字，即学、问、孝、悌、师、教、言、行、中、庸、仁、义、敦、和、谨、慎、勤、俭、恤、济、贞、节、谦、让、宽、容、刚、毅、睦、贤、善、良、通、达、知、理、清、廉、朴、实、志、道、真、立、忠、诚、公、正、友、爱、同、礼、温、信、尊、敬、恭、恕、责、仪、精、专、博、富、明、智、勇、力、安、全、平、顺、敏、思、积、利、健、率、坚、情、养、群、严、慈、创、新、变、革、争、谏、诲、齐、省、克、竞、求、简、洁、法、律。丛书内容丰富、涵盖性强，力图将中华民族传统美德的内涵囊括进去。丛书通过故事、诗文和格言等形式，全面地展示了人类永不磨灭的美德：诚实、孝敬、负责、自律、敬业、勇敢……

争·敢于斗争

2

这些故事在中华民族几千年的历史长河中，一直被人们用来警醒世人、提升自己，用作道德上对与错的标准；同时通过结合现代社会发展，又使其展现了中华民族在新时代的新精神、新风貌，从而较全面地展示了中华民族的美德。

在本套丛书中，为了帮助读者更好地理解这些源远流长的传统美德，我们还在每一篇故事后面给出了"故事感悟"，旨在令故事更加结合现代社会，结合我们自身的道德发展，以帮助读者获得更加全面的道德认知，并因此引发读者进一步的思考。同时，为丰富读者的知识面，我们还在故事后面设置了"史海撷英"、"文苑拾萃"等板块，让读者在深受美德教育、提升道德品质的同时，汲取更多的历史文化知识。

这是一套可以打动人心灵，也可以丰富我们的思想内涵的丛书……《中华传统美德百字经》向我们展示的是一种圣洁的、高尚的生活哲学。无论在任何社会、任何时代，给予人类基本力量的美德从来不曾变化。著名的美国政治家乔治·德里说："使美国强大的不是强权与实力，而是上帝赐予的美德。假如我们丢失了最根本且有用的美德，导弹和美元也不能使我们摆脱毁灭的命运。"在今天，我们可能比任何时候都更应关心道德问题，尤其是青少年的道德问题，因为今天我们正逐渐面临从未有过的道德危机和挑战。

人生的美德与智慧就像散落的沙子，我们哪怕每天只收集一粒，终有一天能积沙成塔，收获一个光辉灿烂的明天。《中华传统美德百字经》中的美德故事将直指我们的内心，指向人性中善良的一面，唤起我们内心深处的道德感。因此，中华民

族的传统美德也一定会在我们的倡导和发扬之下，世世传承，代代延续！

　　全套丛书分类编排、内容详尽、文字优美、风格独具，是公民，尤其是青少年思想道德建设的优秀读物。愿这些恒久流传的美文和故事，能抚平我们每个人驿动的心；愿这些优秀的美德种子，能在青少年身上扎根、发芽、生长……

争·敢于斗争

"敢于斗争"历来是我们中华民族矢志不渝的崇高精神，也是我们民族得以生存的灵魂。正是由于这种精神和灵魂，才谱写了中华民族的伟大诗篇，并激励着一代又一代中国人奋勇前进。无论是战争频发的艰苦年代，还是日新月异的经济建设时期，这种灵魂和精神每时每刻都绽放着民族辉煌的光彩。

"争"，竞也，让之反也。《书大禹谟》："天下莫与汝争能。"《韩非子·说林下》："争肥饶之地。"

"争"，决也，战斗以求胜也。《吕览·顺民》："以与吴王争一旦之死。"我们的先辈因为争而成就了大业，为我们树立了光辉的榜样："卫青抗击匈奴"树起了民族解放的大旗；"东北各族人民反抗沙皇侵略的斗争"，"燃遍全国的反帝怒火"，驱逐了侵略者，维护了国家主权和领土的完整；"皇甫规的妻子拒婚"成为敢于抗恶，以死争取人生权利的典范。

《庄子齐物》："有竞有争。"《战国策·赵策三》："鄂侯争之争，辩之疾。""朱云殿上斩朱槛"、"邹容与清政府的斗争"等行为，都是为了国家的利益和百姓的命运而抗争，体现着反腐倡廉的正义，以及以民为本的情怀。

在我们伟大的中华民族革命和建设的历史进程中，无时无处不体现了"敢于斗争"的民族灵魂。"敢于"体现了我们有决心、有勇气地去做、去争取的斗志；"斗争"体现了我们无论在争国权、维人权、树国威，还是我们内部的是非交错中，都是以我们的正义和崇高的情操换取了最后的胜利。

凡人之性，不能无争。凡有血气，皆有争心。

在现实生活中，我们经常会面对一个问题：是争还是不争？其实，该不该争，关键是要看争什么。人活在世上，无不是在为自己的生活而拼搏，为自己的命运而抗争，为国家和人民的利益及自己理想和事业而奋斗。所以，人有时要非争不可。为国家振兴而争，为国家和民族的富强而争，为弘扬民族之大义而争，为人类的进步和发展而争，为自己的伟大抱负而争，这样的争是令人敬佩和敬仰的，会给人以朝气、激情和力量，是值得我们一代代人继承和发扬的。反之，争名于朝，争利于市，为私心、私欲而争，是遭人唾弃而不可取的行为，必须摒弃。

因此，我们要继承和发扬中华民族"敢于斗争"的传统，大力倡导、学习力争上游，工作力争先进，这种积极、进取、高尚的争，是为国家之繁荣昌盛而争。

目录

ZHONGHUACHUANTONGMEIDEBAIZIJING
中华传统美德百字经

争·敢于斗争

第一篇

切中时弊据理力争

赵奢征税不畏权

◎只要是正义的，我们就应该去争取。——格言

> 赵奢（生卒年不详），战国时期东方六国的八名将之一。最初为赵国的田部官吏。由于不满平原君家拒绝缴纳租税，赵奢按律治罪，前后杀死了从事者九人。平原君大怒，要杀赵奢。赵奢于是说服平原君说："君于赵为贵公子，今纵君家而不奉公则法削，法削则国弱，国弱则诸侯加兵，诸侯加兵是无赵也，君安得有此富乎？以君之贵，奉公如法则上下平，上下平则国强，国强则赵固，而君为贵戚，岂轻于天下邪？"平原君因此认为赵奢是贤才，向赵惠文王举荐，提拔他为治理全国赋税的总管，后来又被任用为将军，悉心治军，对下严而和，凡有赏赐，必分给部属。

赵奢，战国时赵国的名将。他既是一位军事家，又是一位理财家。他初为田部吏，执法无私，整顿赵国的税收，使"民富而国库实"。后受任为将军，精于用兵。

赵惠文王二十九年（公元前270年），秦军进攻阏与（今山西和顺），他奉命救援，先侦察敌情，继以急行军赶往，居高临下，大破秦军，因功封马服君。

赵奢原是赵国管理田赋的小官吏，为人正直，认真执法，按时收取国税，对宗室贵戚也不徇私，因此遭到当权者的痛恨。

当时，赵国的大贵族，赵惠文王的弟弟平原君赵胜，家财巨富，田连阡陌，他的家臣却依仗权势，拒不交纳田赋。这件事被赵奢查获，他根据赵国的法律，严厉地惩办了赵胜的家臣，杀了赵胜手下管事者九人。

赵胜得知后，大发脾气，立誓要杀掉赵奢。

赵胜派人把赵奢抓了起来，对他进行责问，赵奢毫不畏惧，反而质问赵胜说："你在赵国是位尊贵的公子，但是你却放纵你的管家，不按国家的规定交纳田赋。这种不奉公守法的行为会破坏赵国的法律。削弱了法律，国家就要衰败，各国诸侯就会乘机侵犯我们，赵国就要灭亡啊！到那时候，你平原君还能保持现在高贵的地位和巨大的财富吗？凭您的地位，如果带头奉公守法，为人表率，赵国上下就会团结一致，同心协力，这样国家自然就强大和巩固起来。您是国君的宗室，就只考虑自己的私利而不顾国家的利益吗？"

赵奢这一席话，说得平原君心服口服，他认为赵奢贤能，有才干，是个治理国家的有用之才，于是向赵惠文王推荐了赵奢。赵惠文王立即任命赵奢主管全国的财政和税收。

赵奢一上任，就下令整顿全国的田赋和税收。他规定，贵族和平民、地主和农民都得按章纳税，如有不纳者，严加惩办。

经过几年的精心管理，赵国的财力大大增加，国家经济发展了，国库充实了，百姓也富裕起来了。赵国成为经济强盛、财力雄厚的国家，赵奢也成了赵王十分器重的大臣。

◎故事感悟

赵奢对待平民和贵族一视同仁，不管是谁都必须依法交纳田赋，他这种执法不畏权贵、敢于斗争的精神值得赞扬。

◎史海撷英

阏与之战

"阏与之战"是赵惠文王二十九年（公元前270年），赵国名将赵奢率军在阏与（今山西和顺西）大败秦军的一次奇袭战。

赵惠文王二十九年（公元前270年），赵国不履行先前与秦国说定的交换城邑

协议，使秦国十分恼怒。于是，秦国以此为由派中更胡阳去进攻赵国要地阏与（今山西和顺）。

赵惠文王急忙命赵奢领兵前往救战。赵奢到后见秦军攻势强猛，便率军西出邯郸（今属河北）30里，在武安停止前进，命令士兵修筑防御工事。

此时，秦军的部分军队进屯武安（今河北武安西南）西面，击鼓呐喊与赵军叫阵。赵奢对秦军的声威置之不理，并增设营垒防御，造成赵军只想保住邯郸而并不想进攻的样子，最终使秦军轻敌麻痹而放松戒备。

此时，赵奢已在此处停留了28天，他立即乘秦军不备，率军连夜疾进，一鼓作气赶到距阏与城50里处列阵。

秦军突闻赵援兵到来，仓促迎击。赵奢派人抢先占领北山，以先声夺人之势大败秦军，解了阏与之围。赵奢以此功绩被封为马服君。

◎文苑拾萃

春秋战国时期土地、赋税制度的变化

春秋战国时期，土地国有制开始崩溃。虽然，此时旧的土地占有关系依然存在，但这种土地占有关系已处于迅速破坏之中。

西周灭亡后，周天子失去了对全国土地的控制权。到春秋时期，诸侯国的国君对本国土地拥有实际所有权，国君可以把国内土地分赐给臣属。奴隶主的土地所有制逐渐转变为封建土地所有制，生产者由奴隶变为佃户，成为自由劳动者，他们与土地拥有者的关系由隶属变为雇佣的关系。

西周时期，自周天子以下，受分封的各级奴隶主在自己掌控的土地内，将耕地分为公田和私田两种。公田由奴隶主直接经营，主要使用被征服族的庶民来耕种；私田是本国庶民的份地。这时期，由于还保存着农村公社土地公有制度，所以，份地是定期轮换耕种，一般三年轮换一次。

西周末年土地国有制的破坏，不仅表现在周天子以及诸侯国君主对全国土地的控制权和支配权的丧失，还表现在让庶民助耕公田制度的破坏，以及公社土地定期轮换耕种土地公有制的破坏。

朱云殿上折朱槛

◎谁言捐躯易？杀身诚独难。——曹植

> 朱云（生卒年不详），字游。原居鲁地，后移居平陵，当过陕西槐里县地方官。汉成帝时，朱云进谏忤旨，被御史拖出宫殿欲斩首，他死抱殿槛，结果殿槛被折断。皇帝下令不换断槛："勿易，因而辑之，以旌直臣。"这是成语"朱云折槛"的典故来源。

40岁之后，朱云折节向学，精通《易经》和《论语》。因他是文武全才，很多人都向朝廷推荐他。

汉成帝即位后，朱云听说王氏专权，而汉成帝的老师张禹身为丞相，袒护王氏，不由得怒火中烧，愤愤不平地上书求见汉成帝。

汉成帝久闻朱云大名，立即接见了他。朱云上殿，见汉成帝在宝座上高坐着，满朝公卿侍立两侧。

朱云行礼毕，汉成帝问道："你上书求见，有何见教啊？"

朱云奏道："天子在上，容臣直言。臣见满朝大臣，上不能进言匡正皇上，下不能为百姓谋福，这正如孔子所说的，鄙夫是不能为君主办事的。因为鄙夫患得患失，为了个人利益是无所不至的。臣请皇上赐臣一把尚方宝剑，臣愿为陛下砍下佞臣之头！"

汉成帝问道："哪个佞臣啊？"

朱云回答说："就是安昌侯张禹。"

汉成帝勃然大怒："小臣身居下位，竟敢犯上，到朝廷来侮辱朕的老师。

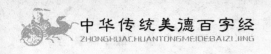

来人，拉下去砍了！"

御史听见皇上下了令，忙上前去拉朱云。

朱云大喊："臣无罪！"他用力拉住殿上的栏杆，说什么也不肯下殿。

御史用力拉朱云，朱云拉住栏杆不肯松手。御史和朱云两人都用力地拉，结果，把朱槛拉断了。

朱云大呼道："我能到地下去追随忠臣关龙逢和比干，倒也满足，只是担心汉朝江山不知将来会如何！"

御史刚要带朱云下殿，左将军辛庆忌忙脱下官帽，解下印绶，叩头向汉成帝进言说："陛下，朱云一向狂童，这是世人都知道的。如果他今天说得对，是不能杀的；如果他说得不对，也是为了汉朝江山，是应该宽容的。臣愿以死相争！"说完，便不停地叩头，额头都流出血来。汉成帝见状，传令放了朱云。

事后，负责宫殿建造事务的官员要换下被朱云拉断的朱槛，汉成帝说："不要换，修修就行了，看到它好能让人想起直臣来。"

◎故事感悟

"我能到地下去追随忠臣关龙逢和比干，倒也满足，只是担心汉朝江山不知将来会如何！"朱云不顾个人生命安危，以死进谏，无论什么朝代，都需要这样舍身为国的忠臣。

◎史海撷英

赵家姐妹专宠昭阳

汉成帝即位起，花费大量金钱建造各种宫殿以供淫乐。最初成帝宠爱许皇后，后来许皇后色衰，成帝开始宠爱班婕妤。班婕妤是班固的祖姑，美艳而不俗，她不仅博通文史、知书达礼而且有"好妒"的毛病，把侍女李平进献给了汉成帝。李平得宠也被封为婕妤，还被赐姓"卫"，成了卫婕妤。

鸿嘉元年（公元前20年），汉成帝微服出游，经过阳阿公主家，公主盛宴款待，让舞女起舞助兴，其中舞女赵飞燕体态轻盈深得成帝喜爱，便向公主要来飞燕带回宫，成为昭阳殿的新主人。

赵飞燕和赵合德是孪生姐妹，她们的父亲冯万金是江都王府的舍人，与江都王的孙女姑苏郡主私通生了她俩。因姑苏郡主嫁给江苏中尉赵曼为妻，所以飞燕姐妹从赵姓，长大后被卖到阳阿公主的家令赵临的府中学习歌舞。姐姐由于体态轻盈而获得"飞燕"称号。

因飞燕的获宠，赵临和兄弟赵钦先后被封为成阳侯与新成侯。飞燕入宫不久，为了讨好皇帝和保护自己，把妹妹赵合德推荐给成帝做婕妤，通过姐妹并宠做保障，弥补家族势力的不足。

赵合德进宫后更加获得成帝的独宠。因为，合德不仅姿容出色，肌肤雪白光滑，而且性情温柔，比飞燕更有魅力。成帝让合德住进昭阳殿，并满足她的一切挥霍欲望。赵飞燕姐妹入宫后，即以新宠的骄姿挟胁了许皇后和班婕妤，后宫展开了一场新旧专宠之争。

◎文苑拾萃

摸鱼儿

（南宋）辛弃疾

更能消、几番风雨？匆匆春又归去。

惜春长怕花开早，何况落红无数。

春且住，见说道，天涯芳草无归路。

怨春不语，算只有殷勤，画檐蛛网，尽日惹飞絮。

长门事，准拟佳期又误。蛾眉曾有人妒。

千金纵买相如赋，脉脉此情谁诉？

君莫舞！君不见、玉环飞燕皆尘土！闲愁最苦。

休去倚危栏，斜阳正在，烟柳断肠处。

寒朗忘死平冤狱

◎缺乏勇气的人，即使拿着石头和火药也不会
用。——格言

> 寒朗（生卒年不详），东汉明帝时任侍御史，其职权或举劾非法，或督察郡县，也可以奉命执行指定任务。他在"楚狱"案件的审理过程中秉公办案，平反冤狱，使千数人的错罪得以甄别，其执著精神深得后人赞叹。

东汉明帝刘庄，是光武帝刘秀的第四子。他有一个同父异母的兄弟叫刘英，初被封为楚公，后晋爵为楚王。刘庄做太子时和他关系最好，当皇帝后，又是封地又是赏赐，来往十分密切。

但是，刘英却野心勃勃，一直暗中勾结渔阳人王平、颜忠等人，企图推翻明帝刘庄，自己当皇帝。

当一个叫燕广的人来揭发时，刘庄很是震惊。他万万没有想到自己十分关心爱护的弟弟居然要蓄谋造反，因而也非常气愤。他把案子交给了下边追查，当主管官员上奏"刘英大逆不道，请求处以死刑"时，刘庄又念及手足之情而不批准，于是废掉了刘英的王位，把他迁移到丹阳郡泾县（今安徽泾县西）。

楚王刘英到丹阳后，就自杀了。刘庄用诸侯的礼节埋葬了他，并且封告发人燕广为折奸侯。

楚王自杀后，刘庄极力追查与之有牵连的人和事，一搞就是好几年，因之而被处死、流放的人数以千计，而关进牢狱的也有几千人。这就是东汉时有名的"楚狱"案件。

刘英案发前，曾经私下里分条记载了不少天下名人，皇上得到了这份记录。颜忠、王平等人被抓起来以后，为了减轻自己的罪责，就胡乱栽赃、诬陷好人，使许多与"楚狱"无关的人受到了牵连。从京都亲戚、诸侯、州郡的权贵，到审案的官员，一时间满朝上下，人人自危，无敢言者。

侍御史寒朗参加了"楚狱"的审理。他决心要为无辜者辩解不白之冤，把案子弄个水落石出。

颜忠、王平的供词揭发了有名的耿建、臧信、邓鲤、刘建等四位侯爵参与了谋反，但耿建等人却说他们跟颜忠、王平根本就不认识。寒朗怜悯耿建等人的冤枉，就以耿建等人的面貌特征为题，单独审问颜忠、王平："既然你们揭发耿建等人同你们一起谋反，那么，你们就说说他们的长相什么样？"

这一问，可把颜忠、王平问愣了，因为他们是胡编，根本就没见过耿建等人，只好说出了实情。

寒朗冒着被杀头的危险，亲自上奏明帝说："耿建等人根本没有罪过，不过是受诬陷而已。我怀疑天下无罪受祸的人，大概不少是这种情况。"

汉明帝刘庄听了，很不高兴，立即打断寒朗的话："如果真像你说的这样，颜忠、王平为什么要揭发他们参与谋反呢？"

寒朗回答道："颜忠、王平知道自己犯了弥天大罪，便想多咬一些人，好减轻自己的罪行。"

汉明帝又说："如果是这样，你为什么不早早上奏呢？"

寒朗回答："我怕另有人真能揭发出来耿建等人的事。"

汉明帝生气地说："你这家伙，身为审案官吏，既怀疑他们是被人诬陷，又怕别人真揭出他们的罪恶，两头都占着！"说着，就要把寒朗推出去斩首。

这时，朝廷上气氛十分紧张，但寒朗却镇定自若。左右人刚拉他要走，他却高声说："等一等，请皇上听我把话说完，再让我死。"

皇帝说："你跟谁一起写的这个奏章？"

寒朗回答："就我一个人。"

皇帝又说："为什么不跟三府（指太尉、司徒、司空三公之府）商量？"

9

寒朗回答："我知道这事有灭族之罪，不愿多连累人。"

皇帝说："为什么要灭族呢？"

寒朗这才理直气壮地回答："我审案一年了，不能彻底清查罪恶，反而为罪人辩冤，我知道该当灭族。我之所以冒死奏明皇上，实在是希望皇上能从盛怒中清醒过来，防止无辜者再受牵连。我看见审问囚犯的官员们都说，叛逆大罪是做臣子的应该共同仇恨的，现在判他无罪不如判他们有罪，以后可以不受追究，所以才拷问一个牵连十个，拷问十个牵连百个。一些人助长皇上滥杀无辜是为了自己当官，而不是为了国家。没有人不知道这里有许多冤枉，可又都不敢违背您的心思来上奏。今天我说出了这种情况，就是死了也不后悔。"

寒朗真诚、直率的话，使汉明帝怒气消除，醒悟过来，觉得寒朗人品可贵，就让人放了寒朗。过了两天，汉明帝又亲自到洛阳监狱查实、审理，释放了一千多无辜的受害者。

寒朗舍命直言，平反了一个特大冤案。他却认为自己没有早一点讲实话，是一种失职犯罪的行为。当被冤枉的人都得到释放后，他给自己定了个渎职罪，主动住进了监狱。汉明帝很感动，不久就找了个借口把他赦免了。

◎故事感悟

寒朗坚持正义，勇于抗争，宁死也要平冤狱，其精神值得学习。这更是一个为官者应该具备的品质。

◎史海撷英

侍御史

侍御史是秦朝开始设置的官职，是一种官名，一直沿袭到汉代，位置在御史大夫之下。受命御史中丞，职责是接受公卿奏事，举劾非法；有时受命执行办案、镇压起义暴乱等，号为"绣衣直指"。汉宣帝曾召侍御史二人治书，后来又专设了"治书侍御史"之职。

侍御史分掌令曹、印曹、供曹、尉马曹、乘曹等类。魏晋南北朝时期，曹的数目时有增减，但都不少于五曹。治书侍御史也分掌各曹，与汉制有所不同。

北朝魏、齐期间，必须是在考试或辩论中，能够提出高明的治国见解的人才能当上御史官。唐代，侍御史分属台院，殿中侍御史属殿院，监察御史属监院，三者并列。

侍御史掌的职责还有推举百官人选、入阁承诏、推荐和弹劾，以及御史台中各类杂事等，其中知杂事最忙。

到了宋、元及明初，侍御史只设一两个人，作为御史大夫、御史中丞的辅佐。

沈怀文本性难移

◎冰霜正惨凄，终岁常端正。岂不罹凝寒？松柏有本
性。——刘桢

> 沈怀文（生卒年不详），字思明。吴兴郡武康县人。祖父沈寂，东晋时担任光禄
> 勋。父亲沈宣，曾任新安太守。

南北朝时，南朝宋文帝刘义隆除了皇后袁氏，还有很多嫔妃，一共生了
19个儿子。

长子刘劭早年被立为太子，但他品行恶劣。为了早日做皇帝，他私下求
助女巫严道育，运用巫蛊方法祈盼宋文帝早死。

巫蛊事发后，宋文帝打算废黜刘劭，但一直犹豫不决，事情传了出去。

刘劭闻讯，利用宋文帝赐给他的一万禁军发动政变，派人杀死宋文帝，
同时大杀政敌，篡位称帝。

刘劭弑父篡位后，引起了宗室和大臣们的强烈不满。

武陵王刘骏被部下推举，自立为帝，这就是孝武帝。他号召讨逆，迅速
得到各地将领、宗室和官员的响应。

刘骏统率讨逆大军从浔阳出发，一路杀奔建康而来。刘劭得到军报，忙
召沈怀文入宫，让他写檄文。

沈怀文自幼喜好玄理，善于写文章，曾经作《楚昭王二妃》诗，为世人
所称道。父亲去世时，新安郡馈送的物品非常丰厚，他办完丧礼后，将剩余
的物品分给亲戚。

有一次，朝廷全部文人集会作诗，沈怀文所作最为优美，文辞高于在座众文人。

沈怀文见刘劭让他写檄文，当场拒绝。刘劭大怒，要杀沈怀文。大臣殷冲申从旁力救，才得免一死。

刘劭弑父夺位，臣下和部将本来就不服，这时有的躲起来，有的出城投降了。不久，刘劭兵败被杀。

孝武帝在位时，斋库中的绢已经很多了，但每年还要向百姓征调上百万匹，丝绵的数目也与此相当，期限还极其紧迫。

民间买绢一匹价至两三千文，丝绵一两价至三四百文。贫穷的百姓只好卖妻鬻子，好多百姓被逼自缢而死。

沈怀文上书力陈百姓之苦，朝廷征调的绢绵略有减少，但不久又恢复如旧了。

孝武帝诸皇子纷纷建置柜台，经商逐利，为患遍天下。

沈怀文进谏说："皇家成立店铺，贩卖货物，一向为古人所非议。汉武帝时，天不降雨，人们都认为是桑弘羊逐利所致。如果宫中用度不足，应该适当地加以节省，不可经商，贻笑天下。"孝武帝不肯接受。

沈怀文与大臣颜竣、周朗一向很好，颜竣因为违背孝武帝旨意而被诛杀。后来，周朗也因为触犯孝武帝而被治罪。

有一天，孝武帝对沈怀文说："颜竣要是知道我会杀死他，也就不敢如此了。"沈怀文听了，默然不语。

孝武帝喜欢游荡，田猎毫无节制，太后和六宫嫔妃常坐副车跟随。为此，沈怀文和王景文经常进谏说："陛下不宜屡次出游。"孝武帝十分不满。

有一次，他们随从孝武帝出外游猎，坐在松树下，忽然刮起了暴风，下起了骤雨。

王景文对沈怀文说："你可以进谏了。"

沈怀文说："我独自一人进谏，没有后继的人，还是一起去讲才好。"

沈怀文对孝武帝说："风雨这样大，对陛下的圣体很不适宜。"

王景文也说："沈怀文所启奏的应该依从。"

这时，孝武帝正拉弓瞄准，一听这话脸色陡变，大怒道："你们想效仿颜竣么？为什么总爱管闲事！"孝武帝停了一下说："颜竣，我恨不得抽他的脸。"

沈怀文敢于直言，冒死进谏，与他的性格有很大的关系，他嫉恶如仇的性格使他得到了百姓的拥护，却为此惹来了杀身之祸。后来，孝武帝将其赐死。

◎故事感悟

沈怀文为了国家的安定和百姓的利益，英勇无畏，敢于直谏，即使丢掉性命也在所不惜，其精神确实可嘉。

◎史海撷英

孝文帝改革

在历史上，鲜卑族是一个比较古老的民族。而鲜卑族的拓跋部则是活动在大兴安岭北端东麓的一个分支。后来，拓跋部不断向南迁徙。

到了西晋时期，拓跋部的部落首领拓跋猗卢因帮助当时统治者抗击刘渊、石勒有功，被封为代王，建立了代国。然而不久之后，代国就被新兴的前秦消灭了，拓跋部也暂时中断了延续。

在淝水之战结束后，前秦的统治土崩瓦解，拓跋部的拓跋珪召开部落大会，趁机宣布复国，即位代王，改国号"魏"，自称皇帝，史称北魏。

此后，北魏的几代统治者都致力于统一兼并战争，并先后灭掉了北方的大夏、北燕和北凉等部落，于公元439年统一了北方。

在统一北方的征战过程中，北魏统治者对各族人民实行民族歧视和残酷的民族压迫，在征战中进行疯狂的民族杀戮，使民族矛盾不断激化。北魏中期，民族矛盾虽然有所缓和，但因为统治阶级对百姓过度剥削，致使阶级矛盾又日益尖锐，不断爆发农民起义。

公元445年，在陕西杏城的卢水胡人盖吴领导了一次起义，有十余万群众参加，北魏政府派6万骑兵镇压，统治者拓跋焘亲临指挥，镇压了这场起义。

盖吴起义虽然失败了，但却令北魏的统治者受到了极大震撼。

公元473年，拓跋宏即位，是为孝文帝。此后，农民起义有增无减，朝廷残酷的镇压不但没能平息起义，反而更加激发了矛盾和斗争。为了缓和社会矛盾和民族矛盾，孝文帝先后进行了一系列的改革，统称为孝文帝改革。

◎文苑拾萃

南北朝

南北朝是我国历史上一段分裂的时期，自420年刘裕篡权东晋，建立南朝"宋"始，至589年隋朝灭掉了南朝的"陈"而实行了统一为止。这段时期上承东晋、五胡十六国，下接隋朝，南北虽然各有朝代更迭，但长期都维持着对峙的状态，因此被称为"南北朝"。

南朝（420—589年）有宋、齐、梁、陈四朝；北朝（439—589年）包括北魏、东魏、西魏、北齐和北周五朝。

赵绰抗争隋文帝

◎见利争让，闻义争为，有不善争改。——王通

> 赵绰（约540—约600年），字士俾，隋朝大臣，河东人。他质直刚毅，恭谨恪勤。在北周为天官府史，授夏官府下士、内史中士、掌教中士。丞相杨坚以他为录事参军、掌朝大夫、仪同。隋朝建立后，隋文帝任用他为大理丞、大理正、刑部侍郎。隋文帝有时不按律法，按自己的脾气下令加重刑罚。赵绰多次直谏，隋文帝虽然有时气急败坏，但最终能够听从，依法施行。赵绰在仁寿年间去世，时年六十三。隋文帝为之流涕，宦官吊祭，鸿胪监护丧事。有二子，赵元方、赵元裒。

隋文帝统一全国以后，采取了一系列巩固统治的措施，如改革官制、兵制，并建立了科举考试制度，选拔办事能力强的官员，并严办贪官污吏。经过整顿改革，隋朝的政局稳定，社会安定，经济上也出现了繁荣的景象。

隋文帝派人修订刑律，废除了一些残酷的刑罚条文。但是，隋文帝本人却不按照刑律办事，时常一时气愤，不顾刑律规定，随便下令杀人。这让大理（管理司法的官署）的官员很为难。大理少卿赵绰觉得维护刑律是他的责任，常因此与隋文帝发生冲突。

隋文帝曾下令统一钱币，而禁止使用不合标准的钱币。

有一次，大兴（隋朝的都城名，今陕西西安市）街上有人用次币换好币，被发现而捉到衙门。此事被隋文帝得知，隋文帝听说有人竟敢违反他的禁令，便下令把换钱的两个人都砍头。

赵绰接到命令，急忙进宫求见隋文帝，对隋文帝说："这两个人犯了禁令，

按刑律只能打板子，不该处死。"

隋文帝喊道："这是我下的命令，不干你的事！"

赵绰说："陛下让我当大理官员，现在遇到不依刑律杀人的情况，怎么能说与我没关系呢？"

隋文帝气冲冲地说："你想撼动大树吗？撼不动你就走开吧！"

赵绰回答说："我只是想劝陛下改变主意，谈不上想撼动大树。"

隋文帝问道："你想触犯天子的威严吗？"

赵绰不管隋文帝怎样威吓他、骂他、赶他走，他依然坚持己见。最后，闹得隋文帝没办法，不愉快地进内宫去了。后来，另外有官员也上奏章谏阻，隋文帝最终还是取消了砍头的命令。

又有一次，官员辛亘被人告发搞迷信活动，隋文帝命令大理把辛亘处死。

赵绰上朝对隋文帝说："辛亘没有死罪，我不能接受这个命令。"

隋文帝气得浑身发抖，说："你想救辛亘，就没有你的命。"说着，喝令侍从把赵绰拉下殿去。

赵绰依然面不改色地说："陛下可以杀我，但是不该杀辛亘。"

侍从把赵绰扭下朝堂，剥了他的官服，摘掉他的官帽，准备处斩。这时，隋文帝也想到杀赵绰太没道理，就派人问赵绰："你还有什么话说？"

赵绰挺直了腰说："臣一心执法，不怕一死。"

其实，隋文帝并不是真想杀赵绰，过了一阵子气平了。他觉得赵绰能忠于执法，是有利于他的统治，就把赵绰放了，转天还派人慰问赵绰。

在大理官署里，一个名叫来旷的官员听说隋文帝对赵绰不满意，想迎合隋文帝，于是背着赵绰给隋文帝上了一道奏章，写到大理衙门执法太宽。

隋文帝看了奏章，认为来旷说得不错，就提升了他的官职。来旷自以为受到皇帝的赏识，就诬告赵绰徇私舞弊，把不该赦免的犯人放了。

虽然，隋文帝嫌赵绰办事不顺他的心，但是对来旷的告状却有怀疑。他派亲信官员去调查此事，结果根本没有这回事。隋文帝勃然大怒，立刻下令把来旷处死。

隋文帝把这个案子交给赵绰办，认为这一回来旷诬告的是赵绰自己，赵

绰不会不同意处死来旷了。

谁知赵绰依然说:"来旷有罪,但不该判斩。"隋文帝很不高兴,袖子一甩退朝回内宫了。

赵绰在后面大声嚷道:"来旷的事臣就不说了。但臣还有别的要紧事请求面奏。"

隋文帝信以为真,让赵绰进内宫禀报。隋文帝问赵绰有什么事?

赵绰说:"我有三条大罪,请陛下发落。第一,臣身为大理少卿,没有把属下的官员管好,使来旷触犯刑律;第二,来旷不该处死,臣不能据理力争;第三,臣请求进宫,本来没什么事,只是因为心里着急,才欺骗了陛下。"

隋文帝听到最后几句话,禁不住哑然失笑。坐在旁边的独孤皇后听了,很赏识赵绰的正直,命令左右侍从赐给赵绰两杯酒。隋文帝也同意了赦免来旷死刑,改判革职流放。

◎故事感悟

赵绰为了依法办事,多次与隋文帝抗争,他这样做是值得的。我们也应该学习和发扬这种办事情不畏权贵、据理力争的精神。

◎史海撷英

大理寺

大理寺是我国古代的一种官署名,掌管着刑狱案件的审理事务。"理"为中国古代对法官的称呼。

秦汉时期,以廷尉为最高司法之官。到了汉朝的汉景帝、汉哀帝、东汉末年的汉献帝时期,曾将廷尉改称为大理,后来又改回。

北齐时期,首先设立大理寺,"寺"指官署,置判寺一人,又加少卿一人,主要掌职是审核刑狱案件,作为国家最高司法机构。

南朝梁武帝时期,第四次将其改为大理,均仍复旧。

隋唐之后，仍然沿用此制。

宋朝时期，分左右寺，左寺复审各地方的奏劾和疑狱大罪，右寺审理京师百官的刑狱。其主官称卿，下设少卿、丞及其他员役。宋熙宁五年，增详断官二为十员。

元丰二年手诏："大理寺近举坠典，俾治狱事，推轮规摹，皆以义起，不少宽假，必怀顾忌，稽留弊害，无异前日。宜依推制院及御史台例，不供报纠察司。"因此元代时期不曾沿用。

在明清时期以前，大理寺的权力较大。到了明清后期，大理寺虽仍为"三法司"之一，但主要权力逐渐转向刑部。洪武二十四年（1391年）六月，大理寺丞周志清提升为卿，又说："大理之卿，即古之廷尉，历代任斯职者，独汉称张释之、于定国，唐称戴胄。"

清光绪二十四年（1898年），曾一度将大理寺并入刑部，后来又改了回来。清光绪三十二年（1906年），改为大理院。

◎文苑拾萃

调张籍

（唐）韩愈

李杜文章在，光焰万丈长。

不知群儿愚，那用故谤伤。

蚍蜉撼大树，可笑不自量。

伊我生其后，举颈遥相望。

夜梦多见之，昼思反微茫。

徒观斧凿痕，不瞩治水航。

想当施手时，巨刃磨天扬。

垠崖划崩豁，乾坤摆雷破。

惟此两夫子，家居率荒凉。

帝欲长吟哦，故遣起且僵。

剪翎送笼中，使看百鸟翔。

平生千万篇，金薤垂琳琅。

仙官敕七丁，雷电下取将。

流落人间者，太山一毫芒。

我愿生两翅，捕逐出八荒。

精诚忽交通，百怪入我肠。

刺手拔鲸牙，举瓢酌天浆。

腾身跨汗漫，不著织女襄。

顾语地上友，经营无太忙。

乞君飞霞佩，与我高颉颃。

苏良嗣痛打薛怀义

◎仁者不以盛衰改节，义者不以存亡易心。——陈寿

> 苏良嗣（606—690年），封爵温国公，唐朝官员，唐睿宗第一次登基时曾任宰相。为人正直，不畏权贵，刚正不阿。

苏良嗣受父亲苏世长的影响，为人刚正不阿，遇事敢言，人多惧之。

苏良嗣于唐高宗时担任周王府司马。当时，周王年少，行事多有不法之举。苏良嗣忠于职守，多次严厉地指责他。周王十分害怕，不敢胡作非为。

周王府的属官多属用人不当，苏良嗣依法约束他们，王府风气为之一变，再也没人胆敢乱来了。

唐高宗听说后，十分高兴，升苏良嗣为荆州大都督府长史。

唐高宗曾派遣宦官沿长江采集珍异竹种，将于上苑中栽植，以供观赏。

宦官乘舟载竹，所过之处纵暴肆虐，敲诈勒索。归途中路过荆州时，苏良嗣断然下令，将这些穷凶极恶的宦官囚禁起来，并上书道："到远方寻求珍异之物，令百姓疲于道路，非圣人抑己爱人之道。"

唐高宗览书，颔首称是，忙下诏慰勉苏良嗣，并急速降旨给宦官，令弃竹于江中，立即回京。

唐高宗永淳（682—683年）年间，苏良嗣担任雍州长史。当时，关中大饥，百姓易子而食，盗贼纵横州县。苏良嗣执法严明，盗发之后，三日内无不擒获，雍州为之大定。

武则天临朝后，苏良嗣升任宰相。有一天，苏良嗣在朝廷南门遇见武则天的男宠薛怀义。他见薛怀义傲慢无礼，不禁大怒，喝令左右上前掌嘴，然后将其拖下。

薛怀义原名冯小宝，体壮而英俊。早年，薛怀义流浪街头，以卖药为生。武则天的女儿千金公主将其召入宫中，亲自为之沐浴，留侍数日后，将其献与武则天。

冯小宝年方三十，侍寝有术，深得武则天宠爱。但冯小宝身非宦官，出入后宫多有不便。千金公主便向武则天献计，令冯小宝出家为僧，担任洛阳白马寺住持，更名为薛怀义，以便入宫陪侍武则天。

薛怀义恃宠而骄，出入禁中骑乘御马，宦者十余人随侍，经常殴打躲闪不及的大臣，还侮辱道士，聚众闹事。因有武则天之宠，朝臣多敢怒而不敢言。

右台御史冯思勖心中不平，依法弹劾薛怀义。薛怀义怀恨在心，令侍从拦路殴打冯思勖。自此，朝臣更畏之如虎了。

苏良嗣对于这样的恶人早就不能容忍了，只是碍于武则天的面子，一时还未发作。也是冤家路窄，恰巧两人相遇，见薛怀义傲慢无礼，苏良嗣怒不可遏，便喝令左右掌嘴，将不可一世、气焰嚣张的薛怀义痛打一顿。

武则天听说后，自知理亏，便劝薛怀义道："小弟可出入北门，切毋触犯宰相。"

◎故事感悟

苏良嗣不惧权贵，敢于同恶势力作斗争，其敢作敢为、刚正不阿的精神为世人所称道。

◎史海撷英

中国历史上唯一的女皇帝

武则天（624—705年）是唐高宗皇后，史称武周皇帝。她14岁被选入宫中为唐太宗的才人。太宗死后，曾入寺为尼。高宗即位，召其回宫为昭仪。永徽六年（655年），被立为皇后，并开始参与朝政，号"天后"，与高宗并称"二圣"。

弘道元年（683年），高宗死，中宗即位，她临朝称制。次年，废中宗，立睿宗。载初元年（690年），又废睿宗，自称"圣神皇帝"，成为中国历史上第一位也是唯一的女皇帝，改国号为"周"，改元"天授"，史称"武周"。

武则天还将自己的名字改为"曌"，这个字也是她自创的文字，意为自己是照耀天空中的日月。

神龙元年（705年），大臣张柬之等人乘武则天病重之机，发动了政变，拥立唐中宗复位，复"唐"国号，尊武则天为"则天大圣皇帝"。当年冬天，武则天病死，谥号为"则天皇后"。

◎文苑拾萃

武则天的统治

武则天执政期间，严厉镇压政敌，贬逐长孙无忌等元老重臣，诛杀李唐宗室及大臣各数千家。同时，下令修《姓氏录》，进一步打破士族门阀制度，扩大统治基础。武则天继续发展科举制度，首创殿试，设置武举，重视选拔和任用人才。注重发展农业生产。曾派兵抵御吐蕃攻扰，还收复安西四镇，设置北庭都护府。

但她任用酷吏，滥兴重狱；扶植新贵，冗官急剧膨胀；崇信佛教，大肆筑寺造像；喜好奢华，挥霍无度，弊政颇多。这都进一步加深了唐朝的社会矛盾。

段秀实不怕强暴

◎敢于斗争才能胜利。——格言

> 段秀实(719—783年),原名段颜,字成公。中国陇州汧阳(今陕西千阳)人。唐代军事人物,学者胡三省总结其一生曰:"自高仙芝丧师于大食,段秀实始见于史,其后责李嗣业不赴难,滏水之溃,保河清以济归师,在邠州诛郭晞暴横之卒,与马璘议论不阿,及治丧,曲防周虑,以安军府,最后笏击朱泚,以身殉国,其事业风节,卓然表出于唐诸将中。"祖父段达曾担任左卫中郎,父亲段行琛曾担任洮州司马,后来因为段秀实而获赠扬州大都督。段秀实六岁时母亲生病,他七天不饮食,直到母亲病好才饮食,当时被称为"孝童"。长大之后,个性沉厚而有判断力,想要对这个世界有所贡献。唐玄宗时被推举为明经,但段秀实说:"搜章摘句,不足以立功。"于是放弃了功名。

在平定"安史之乱"中,郭子仪立了大功,威望得到很大提高,他担心唐肃宗猜忌,于是,自己主动提出解除兵权,并将手下的亲兵遣散。唐肃宗死后,儿子李俶(又名李豫)即位,即唐代宗。

这时,吐蕃趁唐朝边境空虚之机,纠合吐谷浑等几个部落共20多万人马侵犯唐朝边境,一路杀到唐都长安。唐代宗被迫逃到陕州(今河南陕县)。

唐代宗急忙请郭子仪复出,命他主持抵抗吐蕃兵进攻事宜。此时,郭子仪手里已经没有一兵一卒。他只得临时召募了20名骑兵随他赶到咸阳,这时长安已经陷落。

郭子仪派出少量士兵在长安附近,白天扬旗打鼓虚张声势,晚上点起火堆冒充热闹;又派人进城找了几百名少年在大街上打鼓,大声地叫喊着:"郭令公(对郭子仪的尊称)带了大军来了,人数多得数也数不清。"

吐蕃将领听了害怕了,抢掠了一些财物就仓皇逃出长安。

此次用计谋赶走了吐蕃军,郭子仪又立了大功,唐代宗回到长安后,重新封郭子仪为副元帅。一年后,吐蕃、回纥联兵又逼近邠州(今陕西彬县)进犯,郭子仪派他的儿子郭晞带兵去协助邠州节度使白孝德防守。

郭晞仗着他父亲的名声和地位非常傲慢,对部下管理不严,士兵纪律松弛,有的兵士在外欺负百姓,干了坏事,郭晞纵容不管。

邠州地方一些地痞流氓看到这种情况,感到在郭家军里当个兵士,既没有约束又有个靠山,于是纷纷找熟人在郭晞军营中挂个名,穿起兵士的服装。

这些地痞流氓和兵士相互勾结,白天成群结队在街上为非作歹,欺压百姓,抢劫商铺,看到觉得不顺眼的人动手就打,甚至把人打成残废。

邠州节度使白孝德为这些事很无奈,因他本人曾是郭子仪的老部下,碍于情面和关系,也不敢去管郭家的人。

邠州旁边是泾州(今甘肃泾州北)。泾州刺史段秀实听到这种情况,特地派人送信给白孝德,要求接见。段秀实来到邠州对白孝德说:"白公受国家的托付,治理这一地方,现在眼看地方上弄得乱七八糟,您却若无其事一样,如此下去,天下可又要大乱了。"

白孝德问段秀实该如何管理来改变这种状况。

段秀实说:"我看到您这里的状况心里很不安,所以特地来请求在您部下做个都虞侯(军法官),来管理地方治安,您看如何?"

白孝德立即说:"好啊,你若肯来帮我,我真求之不得。"这样,段秀实在邠州当上了都虞侯。

一天,郭晞军营里17个兵士在街上的酒铺里酗酒闹事,店主要他们付酒钱,他们拔刀刺伤了店主,还把店堂里的酒桶全部打翻,酒全部流到水沟里糟蹋了。段秀实得到这一报告,立刻派一队兵士把17名酗酒闹事的人逮捕,并就地正法。

老百姓看到这些坏人受到应有的惩罚,非常高兴,拍手称快。

此消息传到郭晞军营中,士兵们听说居然有人敢杀郭家的人,便吵嚷起

来。大家穿戴盔甲，只等郭晞发令，准备跟白孝德的兵士拼命。白孝德害怕了，责怪段秀实给他闯了祸。

段秀实说："白公不要害怕，我自会去对付。"说着，就准备到郭晞军营里去。

白孝德要派几十个兵士跟随段秀实同去，段秀实说："不用了。"他解下佩刀，选了一个跛脚的老兵替他牵马，两人来到郭晞军营。

郭晞的卫士们全身盔甲，杀气腾腾地在营门口拦住段秀实。

段秀实边笑边走进营门说："杀个老兵，还用得上摆这个架势！我把我的头带来了，叫你们将军出来吧。"

卫士们看到段秀实泰然自若的样子，呆住了，急忙报告了郭晞，郭晞连忙请段秀实进了营帐。

段秀实见到郭晞，作揖致礼后说道："郭令公立了那么大的功劳，大家都很敬仰他。现在您却纵容兵士横行不法，这样下去，能不大乱才怪，如果此时国家再发生大乱，你们郭家的功名也就完了啊。"

郭晞听了这番话，猛然醒悟，说："段公指教我，这是对我的爱护，我一定听您的劝告。"他立即对左右兵士说："快去传我的命令，全军兵士一律卸下盔甲，回自己营里休息，再敢胡闹者处死！"

当天晚上，郭晞留段秀实住下，并设宴请他喝酒。段秀实把牵马的老兵打发回去，自己留下在郭晞的营里过夜。

郭晞还担心坏人暗算段秀实，不仅自己不敢熟睡，还派兵士在段秀实宿营地巡逻保护。第二天一早，郭晞跟随段秀实一起来到白孝德的住所，向白孝德道歉。

自此，郭家的兵士整顿军纪，再没人敢违法闹事了，邠州地方的秩序也开始安定。

◎故事感悟

郭家兵士倚仗着郭晞的权势，横行霸道，但是段秀实不畏强暴，制止了兵士的胡作非为，并以死劝说郭晞。他这样以国家利益为重，以百姓的安危为首位，以暴抗暴、敢于抗争的精神确实可嘉。

◎史海撷英

郭子仪亲说回纥，大败吐蕃

"安史之乱"之后，唐朝社会矛盾重重、危机四伏。广德元年（763年），仆固怀恩叛变，多次引导回纥、吐蕃等攻打唐朝。

广德二年（764年）十月，仆固怀恩勾结吐蕃、回纥、党项数十万部众南下攻打唐朝，京师上下惶恐不安。

侵犯者攻击邠州，郭子仪让他的长子朔方兵马使郭曜率军援救，与分宁节度使白孝德闭城拒守。仆固怀恩的前锋攻打到奉天，在城外挑战，众多将领提议出兵还击，都被郭子仪制止，反而加固城墙等待观察，果然，侵略者都纷纷不战而退。

唐代宗永泰元年（765年）八月，仆固怀恩又勾结吐蕃、回纥、吐谷浑及山贼等30万人，先出兵侵掠同州，又相约从华阴趋赴蓝田，直取长安。

仆固怀恩的这一举动使京师大为震撼和惊恐。唐代宗急忙召郭子仪从河中回来，屯驻长安北面的泾阳城，抵御侵兵。

郭子仪的军队只有一万多人，被敌人团团包围在泾阳一带。他一面命令部将四面坚守，一面自己亲率骑兵前后左右侦察敌情。

最后，郭子仪决定亲自到回纥军营走一趟。回纥首领药葛罗害怕唐军用计，让部下摆开阵势，准备射击。

郭子仪远远看见这场面，竟然脱下盔甲扔了枪，赤手空拳来到回纥军中。回纥首领见状，赶忙上前迎接郭子仪。

郭子仪两次从安史叛军手里收复两京时，曾带领过借来的回纥兵，可以说与回纥有过并肩战斗的情谊，因此他在回纥人中有很高的威信。郭子仪来到回纥营寨，回纥人一齐向他跪拜行礼。郭子仪将他们扶起并与他们痛饮叙谈，最后终于说服了回纥兵撤兵。

◎文苑拾萃

吐谷浑

　　吐谷浑又称吐浑，是中国古代西北民族及其所建国名。吐谷浑原本是辽东鲜卑慕容部的一支，西晋末，首领吐谷浑率部西迁到枹罕（今甘肃临夏）之后，逐渐扩展势力，统治了今青海、甘南和四川西北地区的羌、氐部落，建立了国家。

　　至吐谷浑之孙叶延，开始以祖名为族名和国号。南朝称之为河南国，邻族称之为阿柴房或野房；唐后期称之为退浑、吐浑。

　　吐谷浑主要以畜牧为主，兼营农业，盛产良马。早期居住帐篷，后来渐有房屋城居。吐谷浑没有自己的文字，使用汉文。吐谷浑与北魏及南朝均有密切交往。

　　6世纪中叶，吐谷浑王夸吕自号"可汗"，建都伏俟城（青海湖西22.5千米处）。591年，隋朝将光化公主嫁给吐谷浑国王为妻。609年，隋朝占领吐谷浑地区，在该地区设置了西海、河源、鄯善、且末四个郡。隋朝末又将这些地域还给吐谷浑。

　　635年，唐朝遣军攻打吐谷浑，立诺曷钵为"可汗"。640年，唐朝廷把弘化公主嫁给诺曷钵为妻，并加封诺曷钵为青海王。663年，吐蕃攻破吐谷浑，诺曷钵率残部逃奔凉州。670年，吐蕃完全占领了吐谷浑地区。

　　672年，唐政府将吐谷浑迁至灵州，置安乐州，任命诺曷钵为该地刺史。吐蕃占据灵州后，吐谷浑又东迁朔方、河东。

　　五代时期，吐谷浑散处于蔚州等地。936年，燕云地区被割属契丹，该地区的部分吐谷浑人臣没于契丹，后世大多与当地汉族或其他民族融合。而留在青海的吐谷浑即今土族的先民。

脖子最硬的人

◎宁与燕雀翔，不随黄鹄飞。——阮籍

胡铨（1102—1180年），字邦衡、号澹庵，谥号忠简。吉州庐陵（今江西吉安）人。南宋政治家、词人。宋高宗建炎二年（1128年）进士，该科由高宗亲自策试，胡铨以万言策上，甚为轰动。1135年金太宗死，金国内部调整，宋高宗重用秦桧，一再主张议和。绍兴七年（1137年）胡铨在枢密院编修官任上，反对与金朝议和，上书请斩主和派秦桧、王伦、孙近三奸臣，停止"和议"，北上抗金。秦桧见书，即以"狂妄上书，语多凶悖，意在鼓众，劫持朝廷"之罪，欲将胡铨除名编管，朝中大臣多救之，秦桧迫于公论，才未将胡铨除名而贬官于边远地区，辗转任福州签判。绍兴十八年（1148年）再谪吉阳军（今海南崖县）。绍兴二十五年（1155年）秦桧死后，方得以复官。宋孝宗时，复起，历任国史院编修、工部员外郎、权兵部侍郎、端明殿学士等职，积极反对与金朝议和。孝宗乾道七年（1171年），辞官回乡，淳熙七年（1180年）卒于故里。著有《澹庵集》一百卷，已散佚，现存词作不多，多为慷慨激昂之语，开辛弃疾等人之先河。后世多景仰其事迹，多有胡氏家族尊其为始祖。

胡铨自幼聪慧好学，博闻强记。

胡铨生活在金兵不断南侵的时代，血腥的现实使他养成了嫉恶如仇的品性。面对严峻的形势，胡铨以救国救民为己任，誓将一生献给抗金事业。

南宋建立伊始，急需人才。宋高宗建炎二年（1128年），25岁的胡铨满怀报国热情参加进士考试。

宋高宗见到胡铨的文章后大加赞赏，想点他为头名状元，但是有的考官认为他言辞过于直率，最后他名列第五，被任命为抚州军事判官。

宋高宗建炎三年，金兵大举进攻南宋。隆裕太后为躲避金兵追击，逃至吉州。胡铨闻讯，立即招募乡勇入城固守，协助官军抵御金兵。由于胡铨抗敌有功，被提拔担任承直郎。

宋高宗绍兴五年（1135年），胡铨升任枢密院编修官，掌管全国军事文件。

绍兴八年（1138年），奸相秦桧定主和之策，朝野一片哗然。当时，身为枢密院编修官的胡铨对此坚决抵制，上书宋高宗，指出秦桧卖国求荣的险恶用心，点出了危险性："此膝一屈不可复伸，国势陵夷不可复振。"

胡铨声明自己"不与秦桧等共戴天"，要求皇上砍下秦桧项上人头，然后"羁留虏使，责以无礼，徐兴问罪之师"，否则，他宁愿"赴东海而死"，也不"处小朝廷求活"。

这篇奏章不但使"当日奸谀皆胆落"，而且令"勇者服，怯者奋"。

金人闻讯后，急忙以千金购得此文，读后"君臣失色"，连连惊呼"南朝有人"，"中国不可轻"。

秦桧对胡铨恨之入骨，以"狂妄凶悖，鼓众劫持"的罪名将他管制，最终将他贬到吉阳军（今海南省三亚市）。

到海南后，胡铨不以个人生死为虑，把心全放在海南的文化教育事业上。他著书立说，讲经授徒，为发展海南的文化作出了重要贡献。

胡铨流放23年，至宋孝宗即位后才重被起用，历任国史院编修官、权兵部侍郎等职。

胡铨始终坚持抗金，反对议和。他那嫉恶如仇的高尚爱国情操永不磨灭。

2000年元月，江西省举办了一次很有价值的"千年回眸"，评选该省千年来最杰出的十位历史名人，胡铨被评为"脖子最硬的人"。

◎故事感悟

在秦桧主和时，胡铨不顾个人生死，坚持抗争，反对议和，对出卖国家利益的行为嫉恶如仇，其高尚的爱国情操永不磨灭，不愧为"脖子最硬的人"。

◎史海撷英

顺昌之战

　　顺昌之战是南宋初期抗金过程中的重要战役之一，由著名抗金将领刘锜指挥，是历史上一次以少胜多的城邑防御战役。

　　整个战役分两个阶段，第一阶段，从1140年5月25日至6月1日，历时6天，经过三次战斗，击溃了金军的前锋部队；第二阶段，从6月7日至6月12日，历时6天，刘锜率全城军民与金军主力决战，取得了顺昌保卫战的最后胜利。

◎文苑拾萃

菩萨蛮

（南宋）胡铨

银河牛女年年渡。相逢未款还忧去。

珠斗欲阑干。盈盈一水间。

玉人偷拜月。苦恨匆匆别。

此意愿天怜。今宵长似年。

太学风潮

◎当爱和恨交织在一起的时候，人们就有了为真理而斗争的无穷勇气，就有了不怕牺牲去夺取胜利的无穷力量。——刘心武

李纲（1083—1140年），北宋末、南宋初抗金名臣。字伯纪，号梁溪先生。祖籍福建邵武，祖父一代迁居江苏无锡。民族英雄。宋徽宗政和二年（1112年）进士。历官太常少卿。宋钦宗时，授兵部侍郎、尚书右丞。靖康元年（1126年）金兵侵汴京时，任京城四壁守御使，团结军民，击退金兵，但不久即被投降派所排斥。宋高宗即位初，一度起用为相，曾力图革新内政，仅77天即遭罢免。绍兴二年（1132年），复起用为湖南宣抚使兼知潭州，不久又罢。多次上疏，陈抗金大计，均未被采纳，后抑郁而死。

金太宗灭辽国之后，开始把侵略目标转向了北宋。

辽国灭亡之前，有一位名张觉的辽国官员看到大势已去，便在平州（现在的河北省卢龙县）投降了金国。但他看到金兵抢劫财物、掳掠人口，对此很是厌恶，于是，又叛金投宋。宋徽宗封他为节度使，让他镇守平州。

金军对此很恼火，出兵大败张觉，张觉带残部逃回了宋朝，金军又进一步向宋朝索取张觉，宋徽宗无奈只好杀掉张觉，将其头送给金国。

这件事不仅被金国当做侵略宋朝的借口，而且引起了宋军内部的不满，许多归附宋朝的辽军将士听到这个消息大哭。大将郭药师也是降将，他很担心自己的下场，对宋徽宗也完全丧失了信心。

1125年10月，金军分东、西两路大举南下入侵宋。西路军由宗翰率领进攻太原，遭到太原守军的坚决抵抗；东路军由宗望率领进攻燕京，一到燕京，守将郭药师就投降了金军。这路金军在郭药师的引导下，长驱南下向

汴京攻进。

此次金兵来犯，宋徽宗事前毫无防备。他吓得要死，忙下令取消花石纲和各地的制造局，让参议官宇文虚替他起草了《罪己诏》公布于天下，承认自己过去的错误，想以此挽回人心。

金兵逼近汴京的消息传来，宋徽宗吓得昏倒在床前，他醒来后立即要来纸笔，写下传位谕旨："皇太子可即皇帝位。"这年十二月，宋徽宗退位，称"太上皇"。他的儿子赵桓登上了皇位，即宋钦宗。

第二年一月，金军打至黄河北岸。宋徽宗、蔡京和童贯等人，自知民愤大罪责难逃，借口"烧香"逃到南方。宋钦宗和宰相白时中、李邦彦也想弃京城南逃。但是，以李纲为首的少数爱国将领，主张守城抗战。

李纲对宋钦宗问道："陛下把国家的大片土地丢掉不管，只顾逃跑，怎么可以这样做呢？"宋钦宗一声不吭。

白时中在一旁说："京城不能守。"

李纲说："天下的城池，哪有像京城这样坚固的？况且很多官员和老百姓都在这里，把这样的地方丢掉，还要到哪里去？"

宋钦宗问道："谁能带兵守京城？"

李纲回答说："这是白时中、李邦彦的职责。"

白时中因害怕不想出战，就大声问："李纲难道能出战吗？"

李纲毫不畏惧地说："如果叫我带兵迎战，我愿以死报国。"于是，宋钦宗命令李纲领兵守城。

第二天一早，李纲上朝见宋钦宗已准备车辆，禁卫军准备出发。原来宋钦宗又变了主意，还是想逃跑。李纲问要出发的将士们："你们究竟愿意死守，还是愿意逃跑？"将士齐声回答："愿意死守！"

李纲又去见宋钦宗，说："将士们的家属都在城中，怎么肯舍得离开？万一他们半路上逃回来，还有谁能保卫陛下？况且敌军已逼近，如果他们知道陛下的车辆还没走远，快马追赶，陛下怎么抵御？"这番话提醒了宋钦宗，他不敢再走了。

李纲立即当众宣布："皇上主意已定，谁敢再说逃跑就杀头！"

李纲率军民仅用三天就将守城战备设施准备完毕。此时，金军打到汴京城下，开始进攻宣泽门。金军分乘几十只小船沿河而下。李纲组织2000多名兵士列队城下，用长钩搭住敌船，往船上扔石头。又搬来蔡京家中的山石堵塞门道，在水中杀敌100多名。

宗望见汴京已有防备不好攻打，便提出让宋朝派使臣到金营议和，这建议正合宋钦宗的意，他立即派人去金营，接受了屈辱的条件：割让太原、河间（现在的河北省河间县）、中山（现在的河北省定县）三镇给金国，并向金国交纳赔款黄金500万两、白银5000万两、牛马万头、绢百万匹，并不顾廉耻地尊金国皇帝为"伯父"。李纲极力反对这个屈辱卖国的条约，但是无济于事。

协议签完后，宋朝廷为了向金国交纳赔款，开始向京城百姓横征暴敛，搜刮金银财物，但还是没能凑足数目。

此时，宋朝各地的援军纷纷赶到。将军姚平仲建议夜袭金营，活捉敌主将宗望。宋钦宗同意了这个建议，但是，姚平仲还没出发，消息就被泄露出去，使金军提前做好了准备，姚平仲军被早已埋伏的金军打得大败。

宗望派使臣到宋朝质问偷袭的事，宰相李邦彦回答说："这都是李纲、姚平仲的主意，不是朝廷的意思。"

宋钦宗还卑躬屈膝地派使臣去金营解释，并送上太原等三镇的地图。还下令罢免了李纲，以向金军谢罪。

李纲被罢免的消息传开后，举国上下群情激愤。太学生陈东痛恨奸臣，他率几百名太学生到宣德门上书："李纲奋不顾身，肩负重任，是国家的忠臣。李邦彦等只为自己打算，不顾国家，是国家的奸臣。"请求罢免奸臣李邦彦，恢复李纲的官职。汴京军民自动前来声援，声势浩大地聚集了几万人。

此时，李邦彦正去上朝，愤怒的群众对他痛骂，并投抛石块、瓦片击打他。人群像潮水一样涌到皇宫门口，喊声震天动地。

宋钦宗怕事情闹大，派人出来欺骗百姓说："因为李纲用兵失利，不得已才罢免。等金兵走后，朝廷再让他复职。"

这种答复群众非常不满，坚持不散。

开封知府王时雍赶来对太学生们说："你们可以胁迫天子吗？还不退去！"

太学生们义正词严地回答："用忠义胁迫天子，难道不比用奸邪好吗？"

王时雍看到群众的势头，害怕群众打他，急忙逃走。

宋钦宗躲在宫中胆战心惊，他看群众围在宫门外不肯散去，担心继续下去会发生更难以预料的变故，于是，派宦官朱拱之去召回李纲。

朱拱之心里很不情愿，便磨磨蹭蹭地走得很慢。群众一直痛恨这些仗着皇帝威势欺压百姓的宦官，看到朱拱之这样子更加恼火，有人喊了声"打！"大家蜂拥而上，当场打死了朱拱之等几十名宦官。

事情闹到这一地步，宋钦宗只得宣布恢复李纲的官职，让他兼任京城四壁防御使，人群这才欢呼散去。这次"太学风潮"是中国历史上一次著名的群众爱国运动。

李纲复职后，立刻布置京城防务，并下令重赏杀敌立功的将士，京城的守军士气高涨。

金军见宋朝重新起用了李纲，并加强防备决心抵抗，感到形势对自己不利，所以没等宋朝交足条约所定的财物数额，便急忙撤退了。

◎故事感悟

当宋钦宗把李纲等忠君爱国、誓死保卫宋的大臣撤职，准备全部接受金的不平等条件时，太学生群情激昂，奋不顾身地与朝廷抗争，最后终于获得了胜利。他们勇敢的抗争既保住了大宋王朝，又赢回了大宋的尊严。

◎史海撷英

金 国

金国是女真人建立起来的封建王朝。女真人兴于今黑龙江、松花江流域及长白山地区。1115年1月28日，女真领袖完颜阿骨打称帝建国，国号大金（1115—1234年）。金建国后，首先开始对辽的攻打，辽国的五京纷纷被拿下，辽朝随即灭亡。

金灭辽后，遂与北宋成敌国，金国开始不断侵犯中原地区的大宋。金太宗完颜晟即位后，借着灭辽之威势，很快席卷南下攻宋，天会五年（1127年）北宋灭亡。

女真人消灭了辽和北宋后，统一了包括黄河流域在内的广大北方地区，与南宋长期对峙。金朝的统治是在实行"猛安谋克"等独特制度的同时，采纳了内地的很多政治制度。完颜亮在位期间，对南宋多次发动大规模战争，但都以失败告终。

金与南宋、西夏并立期间，用武力迫使西夏、南宋屈辱求和，始终维持着霸主地位。金朝后期，由于统治集团的腐朽以及受到各民族起义的冲击，同时，还受到新兴强盛的蒙古帝国的不断打击，终于亡国。

金朝时期，社会经济有一定的发展。除了畜牧业的优势外，其农业、手工业以及商业也有所进步。金朝文化深受汉族影响，并取得了一定的成就，其中戏剧较为突出。此阶段产生了元好问等一些著名文学家。

◎文苑拾萃

念奴娇·中秋独坐

（宋）李纲

暮云四卷，淡星河、天影茫茫垂碧。

皓月浮空，人尽道，端的清圆如璧。

丹桂扶疏，银蟾依约，千古佳今夕。

寒光委照，有人独坐秋色。

怅念老子平生，粗令婚嫁了，超然闲适。

误缚簪缨遭世故，空有当时胸臆。

苒苒流年，春鸿秋燕，来往终何益。

云山深处，这回真是休息。

第二篇

刚强嫉恶维权不屈

晏婴不辱使命

◎头可断，而舌不可禁。——张昭远

晏婴（？—前500年），字仲，谥平，习惯上多称平仲，又称晏子。齐国莱地夷维（今山东莱州市平里店）人。春秋后期政治家、思想家、外交家。据说晏婴身材不高，其貌不扬，但头脑机敏，能言善辩，说话可以令人无法招架。晏婴平时生活节俭，谦恭下士。内辅国政，屡谏齐王。对外他既富有灵活性，又坚持原则性，出使不受辱，捍卫了齐国的国格和国威。使齐国名扬诸侯。

春秋末期，楚国强大起来，小国前来朝拜，大国也不敢怠慢，纷纷前来结交。

齐国晏婴奉齐景公之命出使楚国。楚灵王听说齐使为相国晏婴，对左右说："晏平仲身高不足五尺，但是却以贤名闻于诸侯。寡人以为楚强齐弱，应该好好羞辱齐国一番，以扬楚国之威。"

晏婴身着朝衣，乘车来到了楚国都城，见城门未打开，便命人唤门。守门人早已得到吩咐，指着旁边的洞口说："相国还是从这洞里进出吧！"

晏婴听罢，笑了一笑，说："出使狗国的人，才从狗门入。现在我出使的是楚国，不当从狗门入。"

守门人将晏婴的话报告了上去，楚灵王听罢，沉思了一会儿，才无可奈何地吩咐打开城门，让晏婴堂堂正正地进入了楚都。

晏子入见楚灵王。王曰："齐无人也？"

原来晏子身材短小，楚人瞧不起他。楚灵王问话的弦外之音是，齐国怎么派你这样一个其貌不扬的人出使楚国。楚灵王企图以侮辱晏子本人来损害齐国。

面对楚灵王的挑衅，晏子从容地答道："齐国首都临淄城中有三百间（古时一间为25家），人多得张开衣袖就可以遮住青天，洒下的汗珠就像落下的雨点。肩膀挨肩膀，脚尖挨脚尖，到处都是人。怎么说齐国没有人呢？"

楚灵王问："既然这样，齐国怎么派你来做使臣呢？"

晏子从容地答道："齐王派出的使臣，各有各的出使对象。那些优秀的，齐王让他们到君主贤明的国家去；那些差点的，齐王就派他们到君主不那么贤明的国家。我晏婴最不像样子，所以才被派到楚国。"

晏子义正词严，把楚灵王驳得无话可说。

第二年，齐景公又派晏子出使楚国。楚灵王对前一年的舌战失败耿耿于怀，再次向晏子发难：诬齐人善盗。

在楚灵王陪晏子饮酒时，经过精心安排，捆绑一个人从酒席前经过。楚灵王问是干什么的？为何捆绑他？回答说，是齐国人，犯了偷盗罪。于是楚灵王以为有了向晏子发难的机会，说："齐人固善盗乎？"

晏子从酒席上站起来说："婴闻之，橘生淮南为橘，生淮北则为枳。叶徒相似，其实味不同。所以然者何，水土异也。今民生齐不盗，入楚则盗，得无楚之水土使善盗耶？"

王笑曰："圣人非所与熙也，寡人反取病焉。"

楚王十分尴尬，只好自我开脱，德高望重的人是不能同他开玩笑的，他自己反而自讨没趣了。

◎故事感悟

晏婴出使他国，沉着冷静。面对挑衅，从容应对，有理有节，最终化险为夷。为维护国家的利益，坚持原则，伸张正义，挫败了楚灵王一系列的阴谋和挑衅，成功地维护了齐国的利益和尊严。

◎史海撷英

晏婴出使吴国

一次，晏子出使南方的吴国。在晏子到达吴王会见的官殿门口时，吴国礼宾官报称："天子请见。"

晏子内心很惊讶，心想"周德虽衰，天命未改"，诸侯怎能妄称自己为"天子"呢？况且自己是来自北方大国齐国的使者，怎能容忍吴国如此傲慢？

晏子佯装未听见吴国礼宾官的报告。礼宾官又重复了一遍，晏子还是不理不睬。那礼宾官走到晏子面前，一字一句地告诉他说："天子请见！"

晏子显得神色慌张地说，我晏婴受齐王之命，出使吴国，谁知我如此糊涂，搞错了方向，竟来到天子朝廷！实在抱歉，请问，我应该到哪里去见吴王啊？

吴王无奈，只得让礼宾官改口说："吴王请见！"

◎文苑拾萃

春秋战国门·晏婴

(唐)周昙

正人徒以刃相危，贪利忘忠死不为。

麋鹿命悬当有处，驱车何必用奔驰。

唐雎奇谋巧辩

◎危言危行，独立不回。——苏轼

　　唐雎（生卒年不详），也作唐且。战国末期魏国人，安陵君的臣子，著名外交家、谋略家。

　　战国末期，秦国历经几代帝王的励精图治、变法图强，经济发展，文化繁荣，社会稳定，人才济济，兵精粮足，成为诸侯国中实力最强的一个。秦昭王时期，更是采纳范雎等良臣谋士远交近攻的外交战略，破除了诸侯合纵抗秦的图谋，为数众多力量稍弱的诸侯国相继被秦吞并。

　　在战国的最后十年中，秦军统一中原的时机日益成熟，于是加大了扩张的力度，韩、魏等实力稍逊的诸侯国先后受到了秦军猛烈的军事打击。秦军一路前行，所向披靡、势如破竹。

　　公元前230年，韩国首先被灭，此后五年，魏国也在秦军强大的攻击面前灰飞烟灭。秦军欲吞并魏国全境，对魏国的附属领地也是志在必得，于是消灭魏国主力后，又将矛头对准了魏的附庸小国——安陵。

　　安陵，其地在今河南鄢陵县西北，战国时是魏国的一个附属小国。唐雎就是安陵君府中的一个谋士。

　　秦王一举灭了魏国后，小小的安陵并没有引起他多大的重视。仗着秦国的强大和刚刚战胜魏国高涨的士气，秦王企图设置一个"易地"的政治骗局，以便兵不血刃，吞并安陵。计策已定，秦王派出使臣谒见安陵君，骄横地宣

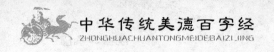
布："寡人欲以五百里之地易安陵。"并要安陵君马上承诺答复。

当时秦始皇已经灭掉了韩国和魏国，安陵处境岌岌可危。秦国虚情假意地开出"以别处五百里土地更换安陵国地盘"的空头支票，显然醉翁之意不在酒，更没有兑现自己承诺的打算。

安陵君认识到秦王的虚伪，对秦王的霸道行径进行了坚决抵制。他委婉地回答道："大王施加恩惠给我，用大块的地来换我小小的安陵，对我们来说，实在是一件求之不得的好事；然而，我从祖先那里继承了这块土地，就应该终身守护这里，又怎么敢忤逆先人的意思，贪图便宜同秦王换地呢？"

安陵君的一番话说得极为诚恳，但又不失尊严，可谓不卑不亢。秦使无可奈何，只得回去奏明秦王。

秦王一听，大为恼怒：小小的安陵竟然胆敢藐视强大的秦国？不给你点颜色瞧瞧，你又怎么知道秦国的厉害？眼见来软的不行，秦王决心动用武力惩罚安陵。

安陵君遣走秦使后，知道秦王必然震怒。倘若大兵压境，安陵必败无疑，到那时候，亡国也就是必然的了。为了阻止秦王出兵，挽救破裂的两国关系，安陵君决定派一位能言善辩的使臣出使秦国，从外交上缓和一下剑拔弩张、一触即发的两国关系。经过深思熟虑，安陵君派出了深具谋略、机敏善辩的唐雎。

国家危亡，匹夫有责。唐雎临危受命，国家安危系于一身，于是抱定必死的决心，慨然出使，奔赴秦国。

秦王见到唐雎，气势汹汹地摆出一副超级大国的威风来，劈头盖脸就是一顿申斥："我用五百里的疆土来换你小小的安陵，安陵君居然胆敢不听从我的指令，难道是吃了豹子胆吗？"

然后，秦王又炫耀武力，进一步威胁道："秦国灭了韩国，亡了魏国，小小的安陵不过是只有五十里地的弹丸之地，为什么偏偏能够保存下来呢？不过是因为安陵君为人忠厚，秦国才大发慈悲，没有打算消灭它而已。今天我用十倍的土地和安陵交换，让你们扩大自己的领土，你们竟然不知道感谢，公然和我对抗，难道以为秦国没有力量消灭安陵，看轻怠慢了秦国的实力吗？"

　　面对威胁，唐雎首先摆低姿态，不慌不忙地说："不是这样的，安陵怎么敢看不起您呢？"

　　现场气氛稍微缓和，唐雎接着话锋一转，旧话重提。他不甘示弱、大义凛然地回答说："因为受地于先王，岂只是区区五百里，就是你秦王用一千里的土地来换，我们也是不敢换的。"

　　唐雎一番斩钉截铁的话，既重申了安陵君崇仰先王、不为利诱、坚守先王遗业、维护国家主权和领土完整的意志，又一口回绝了秦王"易地"的企图。

　　秦王眼见易地的图谋被唐雎戳穿，恐吓易地已经丝毫没有回旋的余地，立即换了一副面孔，变得杀气腾腾。秦王喝问道："你听说过天子发怒吗？"

　　唐雎兵来将挡、水来土掩，气定神闲地说："我从来没听说过。"

　　秦王凶相毕露，以杀人灭国相威胁说："天子之怒，伏尸百万，流血千里。"言下之意，他一怒便可将安陵夷为平地。

　　唐雎于是针锋相对地问："大王您听说过布衣之怒吗？"

　　秦王作为独尊无二的君主，看惯了人们对他叩头礼拜，自以为威使万民，听到"布衣之怒"，不免带着傲慢骄矜的神气，轻蔑地说："所谓布衣之怒，不过就是摘掉帽子，甩掉鞋子，叩头请命罢了。"

　　唐雎见秦王如此傲慢，机智地回答道："此庸夫之怒也，非士之怒也。"

　　一语重千钧，秦王正在纳闷何谓"士之怒"时，他又说："勇士之怒，不畏牺牲，其怒气上贯于天，连天象、自然也会发生变化。专诸刺杀王僚时，彗星扫过月室；聂政刺杀韩傀时，白气上贯日光；要离刺庆忌时，苍鹰飞扑于殿上。这三个人，都是普通的勇士，他们怀着怒气没有爆发，天象就已经提前显示了。而我将成为继三人之后的第四个人。"

　　唐雎豪放的气势、悲壮的神情一时令秦王目瞪口呆，震慑不已。

　　针对秦王灭亡安陵的威胁，唐雎针锋相对，大义凛然地说："若士必怒，伏尸二人，流血五步，天下缟素。"

　　所谓"伏尸二人"，即表示自己将与秦王同归于尽；两人短兵相接，流

血五步；死者包括秦王，他身为天子，天下人都要为此披麻戴孝，故"天下缟素"。

说着，唐雎"挺剑而起"，作出马上要刺杀秦王的架势来。

"伏尸二人，流血五步"相对"伏尸百万，流血千里"来，自然是小巫见大巫，但对骄横傲慢的秦王来说，前者无疑更加具有威慑力。

看到唐雎毫无畏惧的表情，极度惊恐的秦王深怕唐雎真的威胁到自己的生命，急忙改变盛气凌人的架势，低声下气甚而有些谄媚地对唐雎道歉说："先生您请坐，何必大动肝火，把事情闹到这种地步呢！我的意思是说，韩、魏这样的大国都被秦国灭亡了，但安陵却能够凭着五十里的领土得以保存，正是因为有了先生您这样的人才啊！"

至此，经过一番短兵相接、唇枪舌剑、巧妙有力的斗争，唐雎不畏强暴，机智勇敢，以自己果决的行动彻底打击了秦王的气焰，使秦王动用武力灭掉安陵的打算被迫放弃。唐雎不辱使命，取得了这场外交斗争的胜利。

◎故事感悟

唐雎在国家危亡的紧急关头，与骄横的秦王展开面对面、以小抗大、以弱抗强的斗争，为维护国家主权，他坚持正义、不畏强暴，维护了国家的利益和祖国的尊严，表现出了有胆有识的胸襟和气魄。

◎史海撷英

秦灭六国

商鞅变法之后，秦国开始不断强大。公元前325年，秦惠文王称王。公元前316年秦灭蜀，从此秦正式成为一个大国。公元前246年嬴政登基，公元前238年掌权，开始了他对六国的征服。

公元前230年秦灭韩，公元前228年灭赵，公元前225年灭魏，公元前223年灭楚，公元前222年灭燕，公元前221年灭齐。

自公元前221年起，中国历史正式进入封建社会，秦国成为了中国历史上第一个多民族的统一的中央集权制国家——秦朝。

◎文苑拾萃

布衣

"布衣"指平民百姓的最普通的廉价衣服。《盐铁论》中有记载：古代普通人要到八九十岁才能穿丝绸衣服，在这以前只能穿麻衣，所以老百姓被称为布衣。

古代"布"指麻葛之类的织物，"帛"指丝织品。富贵人家穿绫罗绸缎、丝绵织物，而平民百姓穿麻、葛织物。"布衣蔬食"常形容生活俭朴；"布衣百姓"就是指劳苦大众，平民百姓。今人说的"布"是指棉布，棉花是南宋时才传入中原。后来也有以布衣称谓没有做官的读书人。

现在的麻质衣料比棉布贵重，但古代却相反，麻布是最普通的织物。古时，中国盛产各种麻类，中国用麻织布历史悠久，而棉花产量曾经很少。

南北朝前后，中国的棉布是从南洋进口的外国货，运费和稀少使棉布身价很高，物以稀为贵，所以，那时的棉布衣服只有大富大贵的人家才穿得起，普通百姓只能穿麻料衣服。

直到元朝，纺织名女黄道婆从琼州带回黎族人的纺织技术，种植棉花才逐渐增多。朱元璋建立明朝后，规定凡有四亩田地的耕种者，必须种植桑、麻、棉各半亩；有十亩田地者，种棉加倍。从此，棉花的种植才逐渐在全国普及。

卫青抗击匈奴

◎大丈夫见善明，则重名节如泰山；用心刚，则轻死如鸿毛。——林逋

卫青（？—前106年），字仲卿。汉族。母姓卫。字仲卿，河东平阳（今山西临汾西南）人，西汉杰出军事将领。他能征善战，是为汉朝北部疆域的开拓作出过重大贡献的将领，也是中国历史上为人熟知的常胜将军。率军与匈奴作战，屡立战功，但从不结党干预政事。他对士卒体恤较多，威信很高。

卫青出生在一个奴隶家庭，母亲是平阳公主家的一个女奴。他少年时在家牧羊，经常受到嘲笑和欺凌。到了20岁左右，卫青去平阳公主家当骑奴。

建元二年（公元前139年），卫青随姐姐卫子夫到了长安。姐得幸于汉武帝，他也被召进建章宫中作杂事，开始接近汉武帝。由于他有熟练的骑射技术，经常跟随武帝外出围猎，很得皇帝赏识。

汉武帝刘彻即位之后，一改文景时期对匈奴的"和亲"政策，决定对匈奴发动战争。在政治、经济、外交上做了一番准备之后，更在军事上采取了一系列措施，大养战马，训练精于骑射的骑士，不但起用老将，还大胆提拔年轻将领。卫青就是在这时被提拔重用的。

卫青初露锋芒是在汉武帝元光六年（公元前129年）。这年初，匈奴骑兵大举入侵，武帝感到单纯的防御不能阻止匈奴入侵，转而采用以攻为守的办法，决定出击匈奴，并起用年轻的卫青为车骑将军。

这次出击共分四路，其他三路都是名将，只有卫青是初次出征。当时，满朝文武都对卫青和他率领的部队表示担心。然而，出击的结果却完全出人

意料。其他三位将领都被匈奴打败，唯独卫青，以闪电般的速度，出其不意直捣匈奴祭祀祖宗的圣地——龙城，打得匈奴措手不及，四处溃逃。

卫青又率军乘胜猛追，击杀了匈奴将士700余人，得胜而归。汉武帝得到消息后，十分高兴，立即封卫青为关内侯，以表彰他的战功。

第二年秋天，汉武帝又命令卫青率领三万骑兵，出雁门关，攻打匈奴。在向北进军的途中，与匈奴大队骑兵遭遇，卫青身先士卒，迅速率兵掩杀过去，歼敌数千，取得胜利。

卫青在战争中善于从实际出发，随机应变，正确分析判断敌情，灵活运用骑兵战术。在指挥骑兵作战的过程中，他特别注意抓住骑兵行动迅速的特点，运用"出其不意，攻其不备"的奇袭战术歼灭敌军主力。他利用匈奴右贤王麻痹轻敌的弱点，以迅雷不及掩耳之势，一举歼灭了右贤王的主力，成为一次骑兵奇袭成功的典型战例。

同时，卫青还很注意后勤供应和了解地理情况，及时解决部队在沙漠作战中的水草和向导等问题，取得了一次又一次的胜利。

◎故事感悟

卫青在抗击匈奴入侵，巩固汉王朝统治上，起到了重大作用，而且他身先士卒的英勇事迹也为后来的人们所传颂。

◎史海撷英

漠北大战

元狩四年（公元前119年）春，汉武帝为了彻底击溃匈奴主力，调集全国财力、物力，准备发动对匈奴的第三次大战役。

汉武帝挑选了十万匹精壮战马和勇士，由大将军卫青和骠骑将军霍去病分别各自率五万人马，分东西两路远征漠北。还动员私人马匹四万多、步兵十余万人负责运输粮草辎重，跟随大军前行。

原计划远征军从定襄北上，由霍去病率骁勇善战的将士专力对付匈奴单于，后从俘虏口里得知，匈奴单于远在东方，于是汉军调整进攻方案。汉武帝命霍去病从东方的代郡出塞，卫青从定襄出塞。

卫青的手下由李广为前将军，公孙贺为左将军，赵食其为右将军，曹襄为后将军。但因李广年事已高，卫青听从汉武帝的建议，没让李广担任先锋，而是与赵食其军合并，从右翼进行包抄。卫青自己率左将军公孙贺、后将军曹襄从正面进兵，直插匈奴单于驻地。

伊稚斜单于听了赵信的建议，将所有的粮草辎重向北转移，只把精锐部队埋伏在沙漠北边。

卫青大军北行一千多里，跨过大沙漠，与早埋伏在此的匈奴军遭遇。卫青派出5000名骑兵向敌阵冲击，匈奴出动一万多骑兵迎战，双方激战直至黄昏时分，忽然刮起暴风，沙砾扑面，顿时天地一片黑暗。卫青乘机派出两支生力军从两翼迂回到单于背后，包围了单于的大营。伊稚斜单于感觉汉军数量众多且士气高昂，大惊失色，知道无法取胜慌忙策马突围逃遁。

此时，夜幕降临，双方将士仍在喋血搏斗，喊杀声震天。卫青得知伊稚斜单于已突围逃走，立即派轻骑兵追击。匈奴军中不见了单于，军心大乱，四散逃命。

卫青率大军乘夜追击，天亮时汉军已追出200多里。虽然没找到单于，但斩杀并俘虏匈奴官兵1.9万多人。

卫青大军行进到真颜山赵信城（今蒙古乌兰巴托市西），获得了匈奴屯积的粮草补充军用，之后烧毁赵信城及剩余的粮食，班师回朝。

霍去病的东路军北进两千多里与匈奴左贤王遭遇，经激战俘获匈奴三个小王及将军、相国、当户、都尉等83人，消灭匈奴7万多人。左贤王败逃。

这次战役汉军打垮了匈奴主力，使匈奴元气大伤，再没能力南犯汉朝。此后，匈奴渐向西北迁徙。

汉武帝为表彰卫青、霍去病的大功，特加封他们为大司马。

◎文苑拾萃

将军行

（西汉）卫青

将军有姊倾国色，宠冠后宫阿娇愁。

将军不是鸢肩辈，耻向椒房取通侯。

匈奴牧马蹂汉地，愿分虎符虏其酋。

电扫河南逐陇西，郡县朔方未一秋。

天子不惜长平邑，计馘献俘非干求。

再出高阙将万骑，右贤愦愦兵家谋。

将军夜中斫云垒，掩耳雷霆戮戈矛。

名王遁匿残兵百，暂得颈上寄颅头。

即于军幕大其号，赐诏优渥天子酬。

校尉勋劳未曾答，封及襁褓将军羞。

将军不败讵天幸，肯向国家遗寇仇？

废书慷慨起长叹，默对青史祝其庥。

皇甫规的妻子拒婚

◎愿坚晚节于岁寒。——杨万里

　　董卓（？—192年），字仲颖。陇西临洮（今甘肃岷县）人。是东汉末年的军阀和权臣，其各种暴行使之成为中国历史上总体评价极其负面的人物之一。董卓利用汉末战乱和朝廷势弱占据京城，废立皇帝，东汉政权从此基本名存实亡。而且他生性凶残，犯下诸多罪行，引致全国其他割据军阀联合反抗，后来联军发生内讧，转而成为各军阀互相公开征战的情况，董卓本人则被朝内大臣联合其部下设计诛杀，死后部下李傕、郭汜两人为了把持朝政互相火并，皇帝与朝廷流离失所，各地军阀割据完全脱离中央控制，最终开启了三国时代。

　　皇甫规的妻子容貌姣好，善写文章，字迹工巧，人们都说她是大才女。

　　皇甫规是东汉名将，熟习兵法，祖上世代都是武官，祖父皇甫棱曾任度辽将军，父亲皇甫旗曾任扶风都尉。

　　皇甫规一生对国家立有大功，缓解了东汉朝廷与羌人之间的矛盾。他反对对羌人一味镇压杀戮，主张采用招抚政策。这对汉羌之间关系融洽十分有利，使边疆得以安宁。

　　皇甫规一身清正，廉洁奉公，刚正不阿，曾数次遭到朝中权贵、小人和奸党的陷害。但仍毫不畏惧，始终忠贞不渝。

　　皇甫规去世时，他的妻子还很年轻。窃居相位的董卓爱慕她的名声，用100辆车和20匹马拉着钱帛，带着一队奴婢，到府上向她提亲。

　　皇甫规的妻子穿着便装来到董府门前，跪在地上陈述情怀，情词悲怆，委婉地拒绝了董卓。

骄横一世的董卓勃然大怒，指使手下人拔出刀子围住她，威胁说："丞相的威令通行全国，哪有在一个妇人身上行不通的，你不要命了？"

皇甫规的妻子站起身来，痛骂董卓道："老贼，我见你是汉相，给你面子。不想你竟欺侮手无寸铁的弱女子，真是人面兽心，猪狗不如！"

董卓横行惯了，连天子都不放在眼里，如何受得了这个？他下令将皇甫规的妻子挂在车辕上用棍子痛打。

皇甫规的妻子对拿着棍子的人说："为什么不用力点？我只求速死。快点打死我就算是你给我的恩惠了。"

不多时，皇甫规的妻子惨死于棍下。

皇甫规的妻子敢于抗恶，断然拒婚，赢得了京城百姓的深切同情，人们无不为之落泪。

◎故事感悟

皇甫规的妻子敢于同恶势力斗争，不畏强暴，宁愿死于乱棍之下也断然拒婚，维护了自身的尊严与声誉。她这种高尚的情操和斗争的勇气，实在令人敬仰！

◎史海撷英

东汉羌人起义

东汉前期，由于统治者对少数民族的压榨，使羌人起义连绵不断。到东汉后期，起义的规模愈来愈大，终于爆发了三次大起义。

第一次大起义发生在安帝永初元年（107年），起义羌人有几万人。东汉朝廷调集20多万人前往镇压。后来，东汉朝廷又利用南匈奴的骑兵参加围剿，并高价收买刺客到起义军中破坏，前后历时5年，最终将这次起义镇压下去。

这次起义最显著的特点是，羌汉人民大联合，共同反抗朝廷的压迫。因此，这次起义也严重地削弱了东汉王朝的力量。

第二次大起义发生在顺帝永和四年（139年）。当时，由于并州刺史来机和凉州刺史刘秉对羌人进行残酷镇压、奴役和掠夺，从而激起羌人又一次大规模的起义。次年，朝廷以马贤为征西将军，发兵十万前往镇压，但很快被起义军消灭。

之后，朝廷又调集重兵，历经几年征杀，直到冲帝永嘉元年（145年）才将这次大起义镇压下去。

这次前后历经约十年之久的羌人大起义，致使东汉王朝为镇压起义耗军费白银八十亿两之多，可谓代价惨重。

第三次大起义发生在桓帝延熹二年（159年）。这一年，汉廷以镇压农民起义而起家的刽子手段颖为护羌校尉，激起羌人的反抗。起义军合力进攻并州、凉州和三辅，迫使朝廷免去段颖，改派皇甫规监军。

皇甫规对羌人实行"招抚"政策，前后归抚的东羌人达二十余万。延熹六年，朝廷又起用段颖为护羌校尉，再次激起羌人群起而反抗段颖的屠杀掠夺。经过两年征战，羌人终因力量单薄被残酷镇压下去。

◎文苑拾萃

曹操惩恶霸

一天晚上，曹操亲带一队士兵巡逻，检查"夜禁令"的执行情况。曹操巡逻多时，碰上宦官蹇硕的叔叔，人称蹇叔的恶霸。

蹇叔平时就倚仗侄儿的势力为非作歹，作恶多端，经常在晚上带着爪牙到处抢占民女。这天晚上，他又想出来干点坏事，正好遇到了曹操。

曹操早就想惩罚这个恶霸，这回正好有了借口，于是便称说蹇叔违反"夜禁令"。随后，曹操大呼一声："来人！抓住这批歹徒！"

巡逻队一拥而上，将蹇叔这帮歹徒带回衙门，并将蹇叔按倒在地上，用五色棒狠狠地抽打，蹇叔被乱棍打死。

这一消息立刻四处散发，歹徒们看到曹操如此执法严格，再也不敢到曹操的属地胡作非为了，曹操的名声也随之提高。

富弼据理力争

◎临难守节。——苏轼

　　富弼（1004—1083年），字彦国。洛阳（今河南洛阳东）人。宋仁宗庆历二年（1042年）出使契丹，拒绝割地要求；次年任枢密副使，与范仲淹等共同推行庆历新政。庆历五年（1045年）被排挤，出知郓州、青州（今山东益都）。至和二年（1055年），与文彦博同为宰相，后因母丧罢相。宋英宗即位，召为枢密使，又因足疾解职，进封"郑国公"。熙宁二年，再度复相，因反对王安石变法，又求退，出判亳州（今安徽亳县）。拒不执行新政青苗法，声称"新法，臣所不知"。后退居洛阳，仍继续请求废止"新法"。元丰六年（1083年）病死，死前上书神宗割地于西夏，以达到修兵息民。卒谥"文忠"。

　　富弼是一个忠贞为国的外交家。富弼数次赴辽国谈判，凭借自己滔滔雄辩、折冲樽俎的外交努力，终于折服了辽国君臣，赢得了和平，维护了国家领土完整。

　　公元960年，赵匡胤陈桥兵变、黄袍加身，结束了五代十国的分裂局面，建立了宋朝。

　　然而，910年，契丹民族已先于宋在北方建立起辽国。辽国兵强马壮，极其强大，其势力当时已经扩展到东至松花江、西抵天山脚下的地域。

　　趁着中原大乱，辽国还轻而易举地得到了长城以南的"燕云十六州"，势力进一步扩大，与宋朝形成对峙。

　　宋真宗景德元年（1004年），辽国结集10万大军，挥师南下，直指汴京，索取南关之地。宋朝展开反击，双方激战正酣时，朝廷主和派却唆使真宗求和。最后在澶渊，宋朝与辽国缔结了停战协定，宋朝以每年向辽国献银10万两、绢20万匹的代价，保住了关南十州，换来了屈辱的和平。这就是历史上著名的"澶渊之盟"。

宋仁宗初年（1032年），宋朝西北边陲的西夏李元昊宣布脱离宋朝，成立了西夏帝国，对宋朝边境形成威胁。宋出兵讨伐李元昊，结果实力不济、兵败城下。正当宋朝西北告急之时，辽国看到宋朝对李元昊无能为力，趁机落井下石，兴风作浪。

宋仁宗庆历二年（1042年），辽军聚集大部军队，屯兵燕蓟一带，放言欲南下攻取关南之地（今河北雄县以南，包括任丘、河间一带）。

在强大的武力后盾保护下，为摸清宋军真实的军事实力，辽国又派出了使臣萧英、刘六符到宋朝京城探听究竟。

大军压境、辽使入京，大宋朝野震恐，束手无策。刚刚在西夏吃了败仗的宋朝，正庆幸与辽国订有"澶渊之盟"、年年纳贡得以苟安时，却不料辽国突然翻脸，撕毁停战协定，在边界屯积重兵，再次声言要攻取关南之地，威胁宋朝疆土。假若宋朝与辽国兵戎相见，宋必然陷入两线作战的艰难境地。依据宋朝当时的国力、军力，想要取胜的把握几乎为零。如此一来，与辽国讲和就是唯一的出路了。

辽使即将到达宋朝边境，按照礼仪，宋朝需派出外交使节到边境迎接。满朝文武官员虽然都认识到辽国此番遣使入京居心叵测，但却苦无良策。官员们谁也不愿背上卖国求和的骂名，去迎接来使，于是互相推诿，相互扯皮。仁宗忧心忡忡，满心焦虑。

正在万难之际，宰相吕夷简突然想到了昔年曾出使辽邦的富弼，于是向仁宗力荐由富弼出面接待。

堂堂礼仪之邦，居然连迎接来使的勇气都没有，事关一个国家的尊严和荣誉。当时身为翰林院一名知制诰（即代皇帝撰写文书的官员）的富弼一听，毫不犹豫地决定置个人荣辱于度外，慨然允命，挺身而出。

于是，富弼被任命为"接伴使"，相当于现在的礼宾官，与宋使一行赶赴边境，迎接辽方来使。

辽使萧英一行骑着马，趾高气扬地来到辽宋边境。下得马来，宋朝使者宣读皇帝口敕，对辽使一行表示慰问。按当时交往的礼仪，来使见到宋朝皇帝的代表，应当行大礼参拜，不料萧英仗着辽国强大，硬是不拜。

富弼挺身而出，提出抗议："宋辽两国君主，兄弟相称，如今宋朝皇帝特使传旨慰劳，为什么不行礼参拜？"

萧英不以为然，借口有病在身，难以行大礼。富弼一听，义正词严地指责说："昔年我出使北国，卧病车中，闻汝主命，即起尽礼。你怎能称病就废礼呢？"一番话说得萧英无言以对，只好起身参拜。

富弼首战告捷，大挫辽使气焰。萧英也不敢怠慢，有所收敛。

回到汴京，辽使觐见仁宗，宣达辽主问候，被安排在馆舍住下。富弼随行陪同，以礼相待，多次与辽使坦诚相见，互相磋商。萧英深受感动，便也未隐瞒来意。他告知富弼辽方的真实意图是欲取关南之地，并透露了辽方的谈判底线，要么宋朝割地，要么增币，和亲也未尝不可。

富弼探知辽方意图，立即奏明仁宗。仁宗与大臣们商议再三，考虑到当时国家的实力，决定忍辱负重，增加岁币，求得和平，并决定派出谈判使节出使辽国，与辽方磋商。

在出使人选上，朝廷又犯了难。此次谈判，任务艰巨，必须得选一位能言善辩、有胆有识的人才行。宰相吕夷简再次举荐富弼。他认为，富弼有出使辽国的经验，同时机智过人，能够随机应变。这次派他出使辽国，肯定不会有辱使命。

富弼在迎接辽方使者上表现出的有理、有利、有节深得仁宗赏识，此时一听宰相进言，深表赞同，于是欣然下旨，命富弼随辽使前往谈判。

辽国重兵压境，来者不善，此行如羊入虎口，吉凶难测。富弼肩此重任，许多亲朋好友深深为他担忧。时任集贤院校理的欧阳修，就极力劝阻好友不要领命。然而，国家有难，怎能置身事外？

富弼思前想后，深感此行关系国家安危、百姓生活，于是怀着满腔报国之愿，毅然决定接受命令，出使辽国。

临行前，富弼叩拜仁宗，表明自己的忠贞为国之志，并承诺："此去，除增币外，决不妄允一事。倘契丹意外苛索，臣誓死以拒之。"仁宗为之动容，起程之日，面授富弼为枢密直学士。

宋朝的枢密院，掌军政，握有实权。富弼坚辞不受，他叩奏道："国家有难，义不惮劳，怎敢无功受禄呢？"

仁宗听罢，对富弼的忠勇之义更加激赞赏。即日，富弼与辽使萧英一行，离开宋汴京，赶赴辽国都城临潢。

富弼出使，前景难料。为增加谈判的筹码，宋决定在军事上采取一些相应的措施，作为谈判使者的军事后盾，应对辽军聚集幽、蓟，炫耀武力之举。几经廷议，最后决议：在幽州、蓟州一带，建立大名府加强管辖，同时命令将军王德用在河北一带操练兵马，虚虚实实，迷惑辽军。

果然，辽军派人刺探宋朝军情，恰逢王德用率领精兵日夜操练，威风凛凛、军容整肃、装备精良。辽兵回报，宋虽败于西夏李元昊，但未伤元气，兵精粮足、强盛如昔。如此一来，辽帝耶律宗真意识到，索取关南之地，实非易事。

富弼等一路风餐露宿，历尽艰辛，几经周折，终于抵达辽京。次日被引见辽主耶律宗真，宗真设宴款待。席间，双方唇枪舌剑，展开交锋。富弼针锋相对，据理力争，对答如流。

谈判开始，富弼开门见山、先声夺人："两朝人主，父子相继，40年相安无事。今辽国挑起事端，寻衅滋事，无故来求割地，究属何故？"

宗真雄才伟略，不愿示弱，反过来以"南朝违约"为借口，质问宋朝为什么要闭塞雁门、增设塘水、治理城隍、登籍民兵？并假惺惺地邀功说："我国群臣，都请举兵讨伐宋朝，是我主张先遣使质问，并索关南故地。若南朝不肯相让，再举兵不迟。"

富弼听后并不领情。他摆事实、讲道理，动之以情、晓之以理，态度强硬地回应道："北朝难道忘了我朝先帝的恩德了吗？澶渊之役，我朝将士个个主张开战。若先帝听从众将之言，恐怕辽军生还无望。先帝顾全南北兄弟情谊，这才特地与辽国订约修好。"

宗真大惭，富弼趁机进一步谈起双边和战之利，他说："北朝与中国通好，利在人主。若用兵，则利于臣下，而人主空担其祸。现在，北朝又欲发动战争，想是北朝臣下，为自身谋利，不管人主的祸福。"

辽主不觉一惊，刨根问底道："为什么说动干戈是不管人主的祸福呢？"

富弼洞悉辽主心理，趁机提出后晋石敬瑭功高叛主（后唐）的历史故事，大加游说。他说："昔晋高祖石敬瑭欺天叛君，当时末代皇帝昏庸，土地狭小，上下叛离，北朝乃得进克中原。但试问，所得金币，果涓滴归公了吗？北朝费了若干军饷、若干军械，徒令私家中饱私囊，而公府亏空。"

接着，他又设身处地，诚恳地对宗真说："如今，中国疆封万里，精兵百万，法令修明，上下一心，北朝如用兵，能保得住必胜么？即便得胜，劳师伤财，是群臣受害呢？还是人主受害呢？若通好不绝，岁币尽归人主，群臣有何利益？因而，群臣主战不主和。为人主计，则宜和不宜战。"

富弼一番关于"和战君臣孰受益"的慷慨陈词，使辽主茅塞顿开，边听边不断点头表示赞同。

富弼察言观色，见辽主已有所动，接着逐条驳斥辽方所列出兵理由。他说："塞雁门，是为了防备李元昊，并非针对北朝；开浚塘水，这远在南北修好之前，已是多年之事了；修茸城隍，是因其太破旧了；至于登籍民兵，只不过是补缺，这哪有一项是违约之举呢？"

宗真听罢，对轻启战端已经有所动摇，但仍然对关南之地念念不忘，坚持索要，提出："不过祖宗故地，幸乞见还。"

富弼引史说今，针锋相对地反驳道："晋以卢、龙之地送与契丹，周世宗复取关南，这都是前代的旧事。如果现在纠缠历史旧账，各自索取历史上失去的地方，那么，燕云十六州也应归于南朝，幽蓟曾隶属中国，难道那里是北国的故地吗？"

富弼对答如流、侃侃而谈、言词锋利，句句点明要害。宗真一时语塞，面色发窘，沉吟良久，命大臣刘六符陪富弼回馆驿休息。

刘六符是辽国重臣，他企图通过加强私人感情说通富弼让步，于是设宴款待，盛情邀约。席间，酒喝得正酣，他趁机旧事重提，语气诚恳地试探道：

"我主耻于受金帛，定欲得关南十县。南朝何不暂许通融呢？"

富弼见刘六符以诚相待，遂也坦诚相见，他言词坚定地拒绝了刘六符的提议，表示割地毫无商量的余地，并转述了行前仁宗的一番言辞，说："朕为祖国守国，不敢以尺地与人。北朝所欲，不过租赋，朕不忍两朝赤子，多罹兵革，所以屈己增币，聊代土地。若北朝必欲得关南十县，是志败盟，借此为词。澶渊盟誓，天地鬼神，共鉴此言。北朝若首发兵端，曲不在我，天地鬼神，恐不肯受欺！"表示自己不敢违背圣命，望大辽皇帝允谅。

富弼一番话，不卑不亢，据理力争，同时对辽国背信弃义旁敲侧击，委婉指责。刘六符不免心中惭愧，无言以驳，只得表示："南朝皇帝，存心如此，大善、大喜。我们彼此共同奏请，使两主情好如初。"

翌日，辽主召请富弼一同到郊外狩猎。燕北之地，地广人稀，天高云淡，莽原无垠。宗真摆出精兵强将，布成阵列。他将马挽近富弼身旁，对着山川、军队指指点点，不无炫耀地说："北朝山川雄峻，人才辈出。朕很佩服你的才干。南朝若许我关南之地，我当永感厚谊，誓敦和好。"

富弼不为所动，立即反驳道："北朝以得地为荣，南朝必以失地为辱。两朝既称兄弟，怎可一荣一辱呢？"

富弼此言，合情合理，辽主只好敷衍以对。

狩猎结束，刘六符再次奉命与富弼商讨。他虽然不再坚持索取关南之地，却提议改由两国和亲。

富弼牢记朝廷制定只同意增加岁币的谈判底线，机智地回答道："联婚易生嫌隙，何况我朝公主的陪嫁，超不过10万串钱，同岁币相较，那简直如九牛一毛。"

辽主宗真得报，深表赞许，终于同意放弃索地，只增加岁币，并令富弼回国取盟书。

富弼不辱使命，回京复命。关于增加多少岁币的问题，富弼再次使辽，同刘六符进行谈判。经往来辩论，终于取得一致意见：宋朝每年增加币银五万两，绢一万匹。辽方撤退重兵，永守边界。

谈判结束后，富弼打点行装，准备起程回国。不料此时，辽主又横生枝节，提出："南朝既赠我岁币，文书上应称'献'。"

虽然只是一字之差，但实则关系到两国是否属于平等关系，涉及宋朝的国家尊严。富弼敏锐地意识到这种文字游戏背后的隐忧，于是断然拒绝了辽王的无理要求。他委婉地表示："南朝为兄，岂有兄献弟的道理。"

辽王见富弼态度坚决，于是又提出用"纳"改"献"的方案，实则换汤不换药。富弼坚持原则，拒绝交涉。

辽主对此颇为不满，威胁道："岁币都已议定增加，何必在乎区区一个字呢！若我拥兵南来，你们不后悔吗？"

富弼一听，义愤填膺，针锋相对地提出抗议："我朝屈己增币，只因兼爱南北人民，以求世世通好，并非畏惧北朝。如果北朝以武力相胁，改和为战，到那时，谁胜谁负，还很难预料！"

宗真见富弼发怒，只得好言安抚，说："卿勿固执，古时亦有此先例呢，缴纳银、绢时，使用'献'、'纳'二字。"

富弼见此，也以历史先例进行毫不客气的反驳："唐高祖曾向突厥借兵打天下。唐对突厥的馈赠用过'献'、'纳'字样，那只不过是权宜之计。后来，颉利可汗为唐太宗李世民所擒，囚于长安，臣服于唐，还有什么'献'、'纳'可言？"

几番唇齿交锋，辽主深知富弼态度坚决，不肯通融，于是决定派使臣到宋朝再议。"'献'、'纳'之争"于是转到朝廷。

一字之差，关乎国家荣辱。富弼返抵宋朝京城，立即面奏仁宗："臣已力拒'献'、'纳'二字，辽方已气阻，提不出什么道理。对来使，章勿再许。"

仁宗满口答应。不料满朝权贵，只求苟安，但求辽国心满意足，不再出兵威胁，于是不顾富弼劝阻，在最后的文书上同意了使用"纳"字。此后，双方互换文书，辽兵撤退，宋朝依协议每年增付银绢。

这场历时两年的对外交涉，至此圆满完成，虽然稍有遗憾，但终究达到了退兵的既定目标。因富弼功高，仁宗下令表彰，升他为枢密副使。富弼坚辞婉谢，说："增加岁币，非臣本意。只因近日方讨李元昊，无暇与契丹角逐，故而臣未敢死争，怎可无功而受赏呢！"

富弼出使辽国后，对辽国的野心深有感触。他向仁宗进言："虽然目前盟约已订，获得暂时和平，一般百姓，自此以为天下太平，对辽国居心叵测毫无防备。但辽国野心难收，盟约随时会被撕毁。万一辽毁约弃盟，大举入侵，那时臣非但无功，且成千古罪人。臣愿陛下，卧薪尝胆，整军经武，有备无患，以杜绝辽国窥伺之心。"

同时，他提议收回擢升成命，使天下人知道：使臣不受赏，和约不可靠，辽国随时可能来犯，提高警觉，加强戒备，巩固边防，以武力为外交的后盾，才能获得永久和平。

富弼深谋远虑，态度坚决，仁宗于是收回成命，改任富弼为政殿学士。

对这位和平使者，《宋史》下了这样的断语："再盟契丹，能使南北之民，数十年不见兵革，仁人之言，其利博哉！"

◎故事感悟

富弼是一位执著的和平使者，因为他的出使，一场迫在眉睫的战争被消弭于无形，"能使南北之民，数十年不见兵革"。他还是一位勇敢的斗士，他的滔滔雄辩、机敏智慧征服了辽国，既维护了国家的尊严，也保全了国家的领土。

◎史海撷英

辽国的经济

契丹是中国古代东北地区的一个民族。从北魏时期开始，契丹族便在辽河上游一带活动，并于唐朝末年建立了强大的地方政权，公元907年建立契丹国，后改称为辽，统治着中国的北方地区。

辽国先与北宋交战，订立了"澶渊之盟"后，双方维持了100多年的和平时期。辽末女真族起事，辽国迅速衰亡。

公元1125年，辽国被金国所灭，其余部落则建立了西辽王国，共延续了93年。

辽代的经济在发展的起始阶段，由于急于向外扩张，采用的是掠夺式经济，使辽国初期的经济发展比较缓慢。到了辽圣宗时期，辽国的经济才有了比较快速的发展。在占领燕云十六州后，对中原制度不断进行效仿和吸收，使辽国的汉制也日益完备起来。

契丹的社会生产，基本以耶律阿保机建立契丹国的前后为分界线。此前主要从事游牧活动，辅以狩猎，过着食兽肉、衣兽皮、车帐为家的游牧生活。契丹国建立以后，农业、畜牧业、手工业等方面均得到了较快发展，这也为契丹国的东征西讨奠定了物质基础。契丹国发展的200多年里，农业和畜牧业始终占据着主导地位。其中，农业的重心在南部，畜牧业的重心在北部。耶律阿保机最终能够统一契丹诸部以及建立契丹国，可以说，在很大程度上都是以这里的农业生产为强有力的经济后盾。

◎文苑拾萃

定州阅古堂

（宋）富弼

朔方之兵，劲于九土。尤劲而要，粤惟定武。

兵劲在驭，用则罴虎。失驭而劲，骄不可举。

曰保曰贝，闭壁连阻。武爵新守，束手就虏。

皇帝曰噫，汝武曷取。有敝必革，以儒于抚。

公来帅定，始以威怒。有兵悍横，一用于斧，

连营怛之，胸粟腰伛。既惧而教，如餔如乳。

以剌以射，以钲以鼓。无一不若，师师旅旅。

列城自刺，靡不和附。阴沴为梗，降此大雨。

大河破滉，在河之浒。民被黯垫，田入莽污。

流离荡析，不得其所。公感日吁，予敢宁处。

迺大招来，迺大保聚，乃营帛粟，寒衣饥茹。

民归而安，水下孰御。强弱死生，由公复虑。

曰义曰仁，震肃春煦。合和蒸天，天顺以序。

公境独稔，爰麦爰黍。公俗独乐，夫耕妇杼。

人虽曰康，公亦奚豫。谓此一方，民与兵具。

务剧任重，稽古其裕。人皆谓公，与古为伍。

公文化民，公武御侮。何思古人，公不自许。

遂择奇匠，绘于堂宇。列其行事，指掌可数。

前有古有，在我门户。后有来者，依我墙堵。

斯堂勿坏，有堂有故，堂之不存，来者曷睹。

宠乎焕乎，千载是矩。

沈括有胆有识

◎瞒人之事弗为，害人之心弗存，有益国家之事虽死
弗避。——吕坤

沈括（1031—1095年），北宋科学家，字存中，号梦溪丈人。杭州钱塘县（今浙江省杭州市）人，随母入籍苏州吴县（今江苏省苏州市）。沈括生于官宦之家，自幼勤奋好学，14岁时就读完了家里的藏书。18岁至南京，对医药产生兴趣。至和元年（1054年），沈括以父荫入仕，任海州沭阳县（今属江苏）主簿。修筑渠堰，开发农田，颇有政绩。嘉祐六年（1061年），任安徽宁国县令，倡导并发起了修筑芜湖地区万春圩的工程，并撰写了《圩田五说》《万春圩图记》。嘉祐八年（1063年），中进士，任扬州司理参军。治平三年（1066年），入京编校昭文馆书籍。熙宁年间，宋神宗赵顼用王安石为相，进行改革，沈括也积极参加。先后任史管检讨，集贤院校理，提举司天监，军器监，三司使等职。在此期间，撰写了《浑仪议》《浮漏议》《景表议》《修城法式条约》《营阵法》。熙宁十年（1077年）出任宣州知州（今安徽宣城）。元丰三年（1080年），改任延州知州（今陕西延安）。元丰五年（1082年），被诬贬职。元祐三年，沈括移居到润州（今江苏镇江），将他以前购置的园地，加以经营，名为"梦溪园"，在此隐居，八年后去世。其间，写成了《梦溪笔谈》，以及农学著作《梦溪忘怀录》（已佚）、医学著作《良方》等。

　　沈括带领一行人，以"回谢辽国使"的名义离京赴辽。使团一路翻山越岭，长途跋涉，备尝艰辛，四月下旬，终于抵达边境重镇雄州（今河北雄县）。

　　沈括命令随从持国书到辽国哨卡通关，不料辽方哨卡以"回谢辽国使"声名不符为由，拒绝放行。随从据理力争："贵国派来使臣已经返辽，现敝国派来使臣回谢，名正言顺，为何不准我们入关？"

哨卡兵士听说辽使已返回，大吃一惊，以不知情为由，关系重大，需要禀报皇上为名，沈括一行被迫滞留。

使团滞留雄州，沈括心急如焚、满心忧虑。他一面派人日日到边境哨卡打探消息，一面细心考察边防，侦察辽方动静。

此时，雄州城内人烟稀少，市井萧条，反观关外辽人境内，极目所至，戈矛如林，旌旗映日，马队过处，灰尘飞扬，经久不散，俨然一副临战的架式，气焰嚣张。

沈括内心难以平静，深知此行凶多吉少。他在馆舍写了一道奏章，详细记述边境局势，表明自己宁死不屈的决心，交雄州安抚副使转递朝廷。

20多天后，萧禧返回辽国，宋使获准入境。5月23日，沈括一行抵达永安山（今河北平泉南）。永安山是辽帝经常围猎习武之地，这里地势宽广，人烟稀少，哨卡林立，戒备森严。辽道宗选择此地接待宋使可谓意味深长，显然醉翁之意不在酒，意在炫耀武力，以图慑服宋使。

5月25日，辽道宗在永安山礼节性接见了宋朝使者。此后第四日，一场针锋相对的激烈交涉在酒筵上正式展开。辽方名为宴请使团人员，实则大摆鸿门宴。

当时，宴会厅外戈举矛张、士兵岗哨林立；宴会厅内，冠盖云集，咄咄逼人。内外戒备森严，危机四伏。沈括视如不见，淡定自如、昂然不屈、从容不迫地落座。

辽方派出了老谋深算的宰相杨遵勖作为谈判代表，他虽不是萧禧那样的宗亲、贵戚，却是辽国掌实权的铁腕人物。他对南朝的情况了若指掌，早在前次遣使赴宋时，就已经探明宋朝虚实，深知宋朝君臣无意作战，一心求和，于是在他的精心策划下，辽军才发起前两次重兵屯边、萧禧坐以待决的外交纠纷。不料半路杀出了个沈括，一张地图就使萧禧铩羽而归。

当他从萧禧处得知来龙去脉后，对沈括来访引起了警觉，并苦思应对之策，企图软硬兼施，逼沈括就范。

待双方坐定，杨遵勖首先发难，提出试探："学士此番前来，是否认为河东地界事情已经结束了？"

沈括知道辽方不肯善罢甘休，想翻旧账继续纠缠，于是不容置疑地回答道："河东地界的事情早已经了结，我来就是奉旨前来回谢的。"

杨遵勖的助手梁颖一听急了，插话道："只是蔚、应两州地界已经明确，但朔州地界还存在疑问，不能了结！"

沈括早已预见到辽方会提出这一问题。他不慌不忙地回答道："此事虽非本职，不敢预闻。既是准奉而来，凡有所知，不敢不予答复。"

沈括这一番话，既表明自己不是谈判地界的专使，使辽方趁机在谈判桌上逼索土地的企图扑了空，又义正词严地申明宋朝将保留在地界问题揭露、批驳辽方无理要求的权力。

辽方见沈括愿意谈判，以为有机可乘，遂立刻提出了代州鸿和尔大山（即黄嵬山）一段以分水岭为界的领土要求。这两处地方，早在宋仁宗时已划定属于宋朝，并专门立石峰为标志。辽方要求重新定界，无疑是再次明目张胆地提出了对鸿和尔大山的主权和天池归属的无理要求。

沈括深知这个实质性的问题涉及主权，绝对不能让步。面对辽方的咄咄逼人，他旁征博引，以事实说话，对辽使的无理要求进行了严正驳斥，并当场提出辽重熙十一年、宋庆历二年（1042年）年间，辽宋共同商定以鸿和尔大山北山脚为界的事实，同时拿出辽顺义军承认以鸿和尔大山北山脚为界和天池属于宋朝宁化军的屡次往来公文作为佐证。

辽方自己的文件对此记载白纸黑字、事实确凿，辽方自己打了自己嘴巴，一时语塞，难以反驳。

这种"以子之矛，攻子之盾"的手法，使辽人嚣张的气焰被打消了大半，但杨遵勖等人不甘心就此罢休，强词抵赖，仗势欺人，蛮不讲理，顽固地要求以分水岭为界。

对此，沈括断然回绝，毫无回旋余地。他明确表示："谈判必须以确实的文字为据。关于鸿和尔，文书中记载：'大山脚下为界'，只有这几个字；天池，也只有几个字'地理属宁化军'。此外，没有什么可以议论的了！"

杨遵勖冥思苦想，无话可驳，一时发窘，最后竟然恼羞成怒地以战争相威胁。他霸道地喝问："贵国数十里之地都不肯割让，难道要轻易断绝两国和

好吗？"

沈括一听，毫不畏惧，针锋相对并表情坚毅、理直气壮地回答："师直为壮、曲为老，北朝弃先君之大信，竟敢贸然驱使百姓投入战争，宋朝只有奉陪到底。"

武力威胁逼索不成，辽方无可奈何，双方谈判陷入僵局。为摆脱困境，辽方宣布谈判暂停，摆出筵席款待来使。沈括首战告捷。

又过两日，辽国再次大摆筵席，款待来使。沈括再次率员"赴宴"，只见辽方仍有千人环坐旁听，但相比第一次的剑拔弩张，气氛已经轻松了很多。这次谈判，辽方改派押宴官耶律晕为主谈判官。

宴会开始后，辽耶律晕旧话重提，提出辽方在天池牧马之事，想以既成事实，挟逼沈括承认他们享有土地主权。耶律晕甚至通过翻译提出了自己的可笑理由，他说："天池向来有乙室王在那里下帐，若是南朝土地，乙室王怎么会在那里呢？"

对此，沈括给予了义正词严的驳斥。他指出：地界文字有明白无误的记载，"辽方不应当过界下帐，而且有照据为凭，岂可不凭文字，只据口说"。辽方败下阵来。

见天池问题上索地无果，辽国使臣梁颖转而又以鸿和尔界来纠缠。沈括见辽方人员总是兜着圈子老调重弹；便开怀畅饮，明确表示在土地问题上已经无话可谈。

辽使面面相觑，不知如何是好。好一会儿，沈括这才慢悠悠地接上话题，对辽方在公文中故意漏了山脚的"脚"字，现在又在话题中处处设防，不敢说出一个"脚"字来的表现，再次严正申明：这一点，辽使致宋廷的信札中早已承认，即使辽方现在不承认，对事实也没有任何影响。

两次交锋，在沈括义正词严的驳斥和大量的事实面前，辽方已无力对阵，但仍不甘心就此认输。在此后的四次谈判中，辽方绞尽脑汁、勉强搬出一些理由和文件来进行辩驳，但这些理由都被沈括据理力争并一一驳回。

前后六次会谈，沈括始终以事实为依据，巧言机变、对答如流；面对辽方的武力恐吓和战争威胁，他也丝毫不惧，坚持斗争。每遇对方强词夺理，他便吩咐随员出示有关文件、照会作为佐证。至此，参加谈判的辽方官员们理屈词穷，无力再争。

此后，在沈括的建议下，宋朝积极采取军事防御措施，与沈括在前方不屈不挠的抗辩斗争互相配合，辽方不得不放弃了索讨土地的要求，也不敢贸然采取军事行动。

沈括有胆有识，机智出色地完成了这次出使辽国的使命，驳斥了辽国的无理要求，维护了国家主权和领土完整。神宗为奖励他的功绩，升他为翰林学士，权三司使，管理全国财政。

回国后，沈括把出使辽国的经历和沿途考察的地理情况写成了《入国别录》一书，《续资治通鉴》保留有该书部分内容，为研究宋朝时宋辽两国关系和这场外交斗争留下了珍贵史料。

沈括晚年闲居镇江梦溪园，并在此地终老。对沈括颇具传奇性的一生，现存梦溪园室内的一副对联做了高度的概括和评价："沈酣于东海西湖南川北国之游梦里溪山尤壮丽；括囊乎天象地质人文物理之学笔端谈论自纵横"，"数卷奇文物志无心匀翠墨，一钩初月南航北驾为苍生"。

◎故事感悟

沈括不畏强权，力争主权，捍卫领土的完整，他不仅是一个科学史上里程碑式的人物，更是一个外交史上折冲樽俎的斗士。

◎史海撷英

沈括治水

沈括是北宋著名科学家、水利专家和改革家。熙宁五年（1072年），他受命主持汴河的水利建设。为了治理汴河，沈括亲自测量汴河下游从开封到泗州淮河岸840余里的河段地势。他采用"分层筑堰法"，测得开封和泗州之间地势高度相差19丈4尺8寸6分。

这种地形测量法是把汴渠分成几段，然后分层筑成台阶形的堤堰，引水灌注入内，再逐级测量各段水面，累计各段的差，其总和就是开封和泗州间的地势高低的真实情况。

这种测量方法，在世界水利史上都是创举。仅仅用了四五年的时间，就取得引水淤田1.7万多顷的显著成绩。

◎文苑拾萃

《梦溪笔谈》

《梦溪笔谈》是北宋著名科学家沈括的代表作，约成书于1086—1093年，是一本关于历史、文艺、科学等集各种知识的笔记文学体的书，里面收录了沈括一生的所见所闻和见解。该书因写于润州（今江苏镇江）的梦溪园而得名。

沈括是北宋杭州钱塘县人，他所著的《梦溪笔谈》被称为"中国科技史上的里程碑"和"中国科学史的坐标"。

心昭日月的岳飞

◎何日请缨提锐旅？一鞭直渡清河洛。——岳飞

岳飞（1103—1142年），字鹏举，今河南相州汤阴（今河南安阳市汤阴县）永和乡孝悌里人。中国南宋名将，民族英雄。岳飞一生与来自于北疆境外的侵略者女真人建立的金国作战，为宋王朝抵御异族侵略，但是最后由于受到南宋统治者的猜忌而被监禁、杀害。宋孝宗淳熙六年（1169年）追谥武穆，宋宁宗嘉定四年（1211年）追封鄂王，故后人也称"岳武穆"或"岳王"。

金国是女真族建立的政权，金灭辽后与北宋形成对峙。1125年，金国开始对北宋的入侵战争。

1127年，金兵攻陷开封，腐朽的北宋王朝灭亡，徽、钦二帝当了俘虏，中原人民开始陷于民族压迫之中。宋徽宗的第九子赵构在河南商丘即位，南逃到江南，在建康建都，建立了南宋王朝，赵构即宋高宗。

南宋政权建立后，一直实行妥协投降政策，赵构两次起用金国派回的汉奸秦桧当宰相，与金议和，以割地、纳款来换取南宋小朝廷的苟安。但是，为了抵挡金军不断南侵，保住一隅江山，赵构不得不起用一些抗金将领，岳飞就是其中之一。

岳飞出身农家，自幼刻苦好学，喜读兵法，善于击枪，武艺超群。长大入伍从军后，25岁任小军官，因上书主张抗战而被朝廷以"越职"罪名夺去军职，之后他投奔到老将宗泽部下，屡建战功。1130年，岳飞率军与建康（今

南京）乡兵夹击敌人获胜，为收复建康立下大功。

岳飞在多年的战斗中因立功受奖，逐步被提升为大将。他多次向赵构上书，陈述恢复中原的方略，但都不被朝廷采用。

直到1134年，岳飞才受命率兵北上，进攻金国傀儡伪齐军，收复了襄阳等六个州郡。就在胜利进军之时，岳飞收到命其回师的诏令。

面对山河破碎，人民受难的局面，面对腐败的朝廷，岳飞壮志难酬。他回师鄂州后作《满江红·登黄鹤楼有感》词："何日请缨提锐旅？一鞭直渡清河洛。"表达了他念念不忘渡黄河北上抗敌的心愿。

岳飞极力反对秦桧一伙投降派的议和主张，他多次上书直言"和议不可靠"，痛斥秦桧"误国"，因而遭到秦桧的忌恨。

1140年夏，位于南宋北方的金国再次入侵南宋，岳飞奉命从鄂州出兵北上抗击。7月8日，金兀术率主力"铁塔兵"和"拐子马"1.5万人从开封南下，在郾城与岳军决战。

"铁塔兵"是"重铠全装"的骑兵，列阵居中；"拐子马"是左右两翼的骑兵，都是金军的精锐骑兵。岳飞让儿子岳云前往应战，为打破金兵的"拐子马"，他命将士们用麻扎刀和大斧冲入敌阵进行肉搏，上砍金兵，下砍马腿，双方从下午三点多一直鏖战到天色昏黑，金兵大败而逃，金兀术差一点被活捉。

岳军乘胜攻下朱仙镇，离汴京开封仅45里。金兵闻风丧胆，对岳家军十分恐惧，他们不由得感叹道："撼山易，撼岳家军难！"

金兀术看到大势已去，不敢恋战，急忙遣送本国老小家人渡黄河北归，准备从汴京撤离。已经禁酒七年的岳飞看到汴京即将收复，高兴地对部将们说："我们要直捣黄龙府（金国的大本部），我要与各位痛饮一场！"这次战役，就是历史上著名的"郾城大捷"。

但是，就在这可获全胜的重要关口，宋高宗赵构和奸相秦桧，却在一天之内连下12道金牌命令岳飞退兵。这使岳飞悲愤交集，痛呼："十年的努力，一天之内全给毁了！"

当岳飞不得不撤离时，百姓拦住岳飞的马头挽留。岳飞边流泪边拿出皇帝的诏书对大家说："我不能擅留啊！"

郾城大捷后，赵构和秦桧因害怕岳飞势盛过重，更害怕人民的力量在抗金中壮大起来，赵构还担心如果打败了金国会迎回钦宗，使自己帝位不保。于是，他们在胜利的形势下，却继续屈服于金朝，所以一再下令岳飞撤军。

岳飞班师不久便被解除兵权。金兀术派密使指令秦桧"必杀岳飞，才可议和"。投降派张俊又收买了岳军叛徒，诬告岳飞部将张宪想发动兵变，因而株连岳飞和岳云被捕入狱。

秦桧指使人对岳飞父子严刑构陷，在审讯时，岳飞愤怒地撕开衣裳露出背上的"精忠报国"四个刺字，表示了对卖国贼的强烈抗议。

尽管秦桧等诬告者始终找不到岳飞谋反的证据，但佞臣秦桧仍以"莫须有"（或许有）的罪名，于1142年1月27日，将岳飞在临安（杭州）大理寺风波亭害死，年仅39岁的岳飞在临死前写下了"天日昭昭，天日昭昭"八个大字。

岳飞被害后，激起了广大人民的极大悲愤。后人为了纪念岳飞，在杭州西湖边修了一座岳王坟，寄托对岳飞的千秋怀念。在他的坟前，还用生铁铸成了秦桧奸党四人的跪像，世世代代受人唾骂！墓前有一副据说是清朝一位徐姓女子写的对联："青山有幸埋忠骨，白铁无辜铸佞臣。"表达了人们对岳飞的敬仰和对佞臣的唾弃。

◎故事感悟

　岳飞为了国家，为了朝廷，敢于不顾生死，精忠报国，其宁死抗争的品质值得后人永远怀念。

◎史海撷英

出河店之战

出河店之战是女真建国之前与辽的一次战争。

辽天祚帝天庆四年（1114年），女真部首领完颜阿骨打起兵反辽，十月攻克宁江州（今吉林扶余东南小城）。辽天祚帝命都统萧嗣先、副都统萧挞不也统兵七千进攻女真，集结于鸭子河（今吉林月亮泡以东、黑龙江肇源以西的一段嫩江）北。

十一月，阿骨打率3700名兵士连夜行进，于黎明前抢渡了鸭子河，而女真军士至北岸仅有1200余人，与辽军在出河店（今黑龙江肇源西南）遭遇，双方展开了激战。

完颜阿骨打趁着大风骤起、尘埃蔽天的自然条件，纵兵进击，大败辽兵，直追辽军至斡论泺，杀死和俘虏辽兵不计其数，并缴获了大量车马武器、珍玩等。

随后，女真军队乘胜追击，相继攻占宾（今吉林农安东北红石垒）、祥（今吉林农安境）、咸（今辽宁开原老城镇）等州，招降了兀惹、奚人等部族。

出河店之战的胜利，为阿骨打后来称帝并建立金朝奠定了基础。天会八年（1130年），金太宗完颜晟因出河店为"肇基王迹于此"，于是在此建肇州，作为纪念。

◎文苑拾萃

满江红·登黄鹤楼有感

（南宋）岳飞

遥望中原，荒烟外，许多城郭。

想当年，花遮柳护，凤楼龙阁。

万岁山前珠翠绕，蓬壶殿里笙歌作。

到如今，铁骑满郊畿，风尘恶。

兵安在？膏锋锷。民安在？填沟壑。

叹江山如故，千村寥落。

何日请缨提锐旅？一鞭直渡清河洛！

却归来，再续汉阳游，骑黄鹤。

舍身成仁的文天祥

◎人生自古谁无死，留取丹心照汗青。——文天祥

文天祥（1236—1283年），南宋末期吉州庐陵（今江西吉安县）人，民族英雄。初名云孙，字天祥。选中贡士后，换以天祥为名，改字履善。宝祐四年（1256年）中状元后再改字宋瑞，后因住过文山，而号文山。文天祥以忠烈名传后世，被俘期间，元世祖以高官厚禄劝降，文天祥宁死不屈，从容赴义，生平事迹被后世称许，与陆秀夫、张世杰被称为"宋末三杰"。

文天祥小的时候，父亲爱读书，也很重视孩子们的学业，设法聘请名师来教授。无论寒暑，文天祥都要在贴满格言警句的书斋中与弟弟一起诵读、写作、谈古论今。

18岁时，文天祥获得庐陵乡校考试第一名，20岁入吉州（今江西吉安）白鹭洲书院读书，同年即中选吉州贡士，随同父亲前往临安（今杭州）应试。

在殿试中，他在试卷里满怀爱国激情提出了改革政治的主张。当时的主考官看了文天祥的考卷，高兴极了，认为一个青年敢于提出这样激进的意见，是个难得的人才。南宋理宗皇帝也很看重文天祥的才学，亲自把他定为601名进士中的状元。四天后，父亲不幸病故，文天祥归家守丧三年。

后来，蒙古军两路攻宋，蒙古皇帝蒙哥率西路入川，进攻成都。王子忽必烈率东路，越天险长江与自云南北上潭州（今长沙）的另一支蒙古军合围鄂州（今武昌）。南京朝野震惊，宦官董宋臣提请迁都四明（今宁波），以便理宗

随时逃往海上。

对此，文天祥仅以一个地方官的身份大胆上书直言："陛下是中国的君主，那就要守卫中国；既然是百姓的父母，就要保护百姓。"严厉驳斥了逃跑主张，要求斩杀董宋臣以安定人心。

后因蒙哥病死，忽必烈准备北归争夺汗位，才允准南宋右丞相贾似道秘密称臣纳贡后撤军。贾似道转而谎报朝廷："各路兵马全都大胜"，结果被加封卫国公，大权独揽。

不久，宋度宗即位，耽于酒色，贾似道欺上瞒下，国事更加混乱。文天祥上书无人理睬，只被派去做了一个闲差。

此后十几年中，文天祥断断续续出任瑞州知州、江西提刑、尚书左司郎，或半年或月余，后来又因讥讽责备贾似道而被罢官。

忽必烈即帝位后，改国号为元，于1274年发20万元军水陆并进，直取临安。南宋政权一片混乱，宋度宗死，仅4岁的恭帝即位。谢太后临朝，要各地起兵"勤王"救驾。

在这国家危亡的生死关头，文天祥义无反顾地变卖了全部家产招兵买马，几个月内组织义军三万人，准备出战。

文天祥的一些朋友劝他说："元军很厉害，你以数万名没有训练的士兵去迎敌，不是赶着羊群喂老虎，白白送死吗？"

文天祥听到这种不顾祖国危急的话，十分气愤。他十分严肃地说："这些我也想过了。但国家有危难，却没有一个人起来保卫国家，我真是痛心极了。现在我拼着一死，起来抵抗敌人，希望天下的人都能这样，要是大家一齐起来，国家是一定会有办法的。"

文天祥的朋友听了，都很惭愧。

文天祥率义军赶往吉州，被任命为兵部侍郎，屯军隆兴（今江西南昌）待命，几经阻挠才得到允许去保卫临安。不久出任平江（今江苏吴县）知府，奉命去救援常州。在常州，义军苦战，淮将张全却率官军先隔岸观火，又临阵

脱逃，致使义军500人除四人脱险外，全部壮烈殉国。

这年冬天，文天祥奉命火速增援临安门户独松关，离平江三天后，平江城投降。未到目的地，独松关已失守。只得急急返回临安，准备死战，却见满朝文武纷纷弃官而逃，文班官员仅剩下六人。

1276年正月，谢太后执意投降。元将伯颜指定须由右相出城商议，右相陈宜中竟连夜逃跑了。文天祥即被任右丞相兼枢密使，收拾危城残局，出城去元营谈判。

谈判中，文天祥没有惧怕元军武力，痛斥伯颜，慨然表示要抗战到底，结果被强行扣留，又被押乘船北上。文天祥开始以绝食抗议，后在镇江冒险逃脱。

由于元军施反间计，诬陷说文天祥已降元，南返是为元军骗城取地，文天祥屡遭猜疑戒备，颠沛流离，千难万险两个月，才辗转抵达温州。

这时，朝廷已献表投降，恭帝被押往大都（今北京），陆秀夫等拥立7岁的端宗赵昰在福州即位。文天祥又奉诏去了福州，任枢密使，同时总统各路军马，往南剑州（今福建南平）建立督府，派人赴各地招兵筹款，号召各地起兵杀敌。秋天，元军攻入福建，端宗被保护着逃往海上。

1277年，文天祥率军进攻江西，大败元军，连续收复赣南许多州县，人心大振，江西各地都起来响应，全国抗元斗争再次风起云涌。文天祥的号令可到达江淮一带，这是他坚持抗元以来最有利的形势。

但没有多久，由于文天祥所率领的义军孤立无援，终于被元军主力打败。这次战争，文天祥部下将士损失惨重，他的妻子儿女也被元军掳走。文天祥退入广东，再度组织队伍，继续斗争。

1278年春末，端宗病死，陆秀夫等再拥立6岁的小皇帝，朝廷迁至距广东新会县50多里的海中弹丸之地。冬天，文天祥率军进驻潮州潮阳县，准备凭借险要地势屯粮招兵，寻找时机再起。

然而，元军水陆猛进，发起猛攻。年底，文天祥在海丰北五坡岭遭元军突然袭击，兵败被俘，立即服冰片自杀，没有成功。投降元军的张弘范劝降，遭到严词拒绝。

文天祥曾写《过零丁洋》以明志：

> 辛苦遭逢起一经，干戈寥落四周星。
>
> 山河破碎风飘絮，身世浮沉雨打萍。
>
> 惶恐滩头说惶恐，零丁洋里叹零丁。
>
> 人生自古谁无死，留取丹心照汗青。

文天祥被押往大都，囚禁了三年。元朝皇帝忽必烈爱惜他是个人才，多次劝他投降，文天祥坚守信仰气节，不为所动。

1283年腊月初九，文天祥神色泰然地走向刑场。他问明了南方——故国大宋的方位，然后朝南方拜了两拜，从容就义。

◎故事感悟

中国历史上元朝是少数民族掌权的朝代。当时的宋朝统治者为了维持苟安享乐的生活，不惜对元称臣割地，步步退让，最后把锦绣河山拱手让人。但是，宁死不屈的忠贞刚烈之士文天祥敢于挺身而出，反抗强暴，甚至以身殉国，这种为了国家的主权而勇于抗争的崇高品质与行为，永远值得后人敬仰和学习。

◎史海撷英

文天祥纪念馆

文天祥纪念馆位于江西省吉安县新县城当缅山，取名为"缅怀"。

纪念馆总建筑面积为1398平方米。其中，正气堂坐北朝南，门前有99级台阶，周围松柏环绕，四季常青。正气堂为序厅，有高6.4米的文天祥塑像。堂内四壁嵌有八幅大型壁画，描绘了文天祥生平佳绩。序厅内还设有全馆模型盘，指

导游人瞻仰参观。四个展厅分别在东西两侧，西厢房为书画珍藏厅及文天祥生平事迹展览厅，亭廊环抱，馆内有中心花园。

◎文苑拾萃

正气歌

（南宋）文天祥

天地有正气，杂然赋流形。下则为河岳，上则为日星。

于人曰浩然，沛乎塞苍冥。皇路当清夷，含和吐明庭。

时穷节乃见，一一垂丹青。在齐太史简，在晋董狐笔。

在秦张良椎，在汉苏武节。为严将军头，为嵇侍中血。

为张睢阳齿，为颜常山舌。或为辽东帽，清操厉冰雪。

或为出师表，鬼神泣壮烈。或为渡江楫，慷慨吞胡羯。

或为击贼笏，逆竖头破裂。是气所磅礴，凛烈万古存。

当其贯日月，生死安足论。地维赖以立，天柱赖以尊。

三纲实系命，道义为之根。嗟予遘阳九，隶也实不力。

楚囚缨其冠，传车送穷北。鼎镬甘如饴，求之不可得。

阴房阗鬼火，春院閟天黑。牛骥同一皂，鸡栖凤凰食。

一朝蒙雾露，分作沟中瘠。如此再寒暑，百沴自辟易。

哀哉沮洳场，为我安乐国。岂有他缪巧，阴阳不能贼。

顾此耿耿存，仰视浮云白。悠悠我心悲，苍天曷有极。

哲人日已远，典刑在夙昔。风檐展书读，古道照颜色。

王朝佐抗税护小民

◎不汲汲于富贵，不戚戚于贫贱。——格言

> 王朝佐（？—1599年），明末临清州民抗税斗争首领。今临清人。编筐工匠。万历年间，天津税监马堂兼任临清税监，他在临清招雇流氓恶棍数百人，以征税为名搜刮民财，草菅人命，致使临清大半工商业者家破人亡。二十七年（1599年），临清州民万余人反抗征税，被官府射杀二人，激起暴动。王朝佐等率众烧毁税监衙署，杀死马堂爪牙37人。官府使用武力，镇压暴动。抗税斗争失败后，官府追捕首要，且株连众多。在此紧要关头，王朝佐为保护暴动州民挺身而出，自认是抗税首领而从容就义。王朝佐被杀害后，临清人民即为他建立祠堂。清道光年间，临清市民又捐款重修烈士祠堂，并立碑纪念。

　　明朝的神宗皇帝是一位贪欲十足的人。张居正在世的时候，神宗还有些收敛；待到张居正一死，神宗皇帝就一点约束力都没有了。他大肆挥霍浪费，公开要宦官们去搜罗宝贝来孝敬他，还派内侍去全国各地监督收税。

　　这些内侍们分派到各地之后，根本不把老百姓的疾苦放在眼里，哪里货物充足，贸易繁荣，哪里的税收官就如狼似虎。他们动不动就以"漏税"唬人，强行罚款，没收货物。他们将这些巧取豪夺来的财产三分之一奉献给了皇帝，还有三分之二自己就私吞了。地方官若有不从的，一律按违抗皇命论处。到万历三十一年的时候，削职罢官的不计其数，仅关押在监狱中的地方官员就有130多人。

　　神宗皇帝的横征暴敛激起了社会各阶层的强烈愤慨，反抗税使的浪潮一

浪高过一浪。其中以山东临清县的王朝佐领导的反抗监税使的斗争规模最大。

王朝佐是个小贩，有正义感。他主要活动的地区是交通发达、商业繁荣、紧靠运河的临清县。神宗皇帝派下来的税监马堂监税临清之后，就在当地招收了一帮无赖地痞，以收税为名，坑蒙拐骗，无恶不作。临清这座繁荣的城市被搞得乌烟瘴气。

一天，王朝佐正在大街上贩运货物，看到马堂又带着他的一群人马在大街上吆三喝四，强收税款。一会儿抓住了一个小贩强行收税，那个小贩顶了几句嘴，就被马堂手下一个满脸横肉的家伙当胸一拳，打倒在地，接着又是一阵拳打脚踢，小贩被打得鼻青脸肿，昏了过去，货物也散落在街面上。

王朝佐心中充满了气愤，他对几位朋友说："看来这帮家伙必须教训一下，不然的话，我们小百姓是没有出路了。"

他马上与朋友们一起召集到脚夫小民三四千人，到税监衙门找马堂讲理去。一路上，老百姓听说是去找马堂讲理，大家自觉地加入到队伍中。

到了马堂的衙门前，王朝佐勇敢地站到了队伍的前面，朝着衙门的大殿大声地喊道："马堂，你听着，你做的缺德事太多了。你平时就经常狐假虎威，欺压百姓；滥收税款，没收货物……"

正在衙门的内室里欣赏刚到手的银两的马堂，听到有人在外面历数他的罪状，气急败坏，派出了一大批弓箭手拥出门来射杀群众，许多人倒在了血泊之中。王朝佐的身上也中了一箭，但他不顾疼痛，猛地拔出箭头，振臂大呼："不怕死的跟我来！"

群众在王朝佐的带领下，推翻了围墙，一拥而上，跟马堂的弓箭手展开了搏斗。马堂在衙门深处吓得浑身哆嗦，带着他的妻小从后门溜走了。

经过这次斗争，马堂再也不敢在临清县恣意妄为了。

◎故事感悟

明知山有虎，偏向虎山行。为了反抗税使的横征暴敛，坚持正义而奋不顾身的王朝佐是当之无愧的英雄。

◎史海撷英

承宣布政使司

官署名。明朝时期直属中央政府管理的一级行政区，简称"布政使司"，民间简称"行省"或"省"。

明初，沿元制。明朝洪武九年，明朝皇帝朱元璋改行中书省为"承宣布政使司"，明朝中央政府直接管辖的行政区有两个直隶和13个"布政使司"，即合称15省。

葛贤挺身而出

◎顾行而忘利，守节而仗义。——班固

葛贤（1568—1630年），明朝反税监领袖，原名葛成。苏州人。本是织工。万历二十九年（1601年）税监孙隆加重捐税，机户被迫停工，织工失业。葛贤率领众人，击毙孙隆属下黄建节，包围税监衙门，要求停税。孙隆逃到杭州。事后葛贤挺身投案。万历四十一年（1613年），葛贤出狱。葛贤死后，葬在虎丘五人墓旁，称之为六义士墓。

明神宗是一位贪图享乐的昏君，生活上挥霍无度，为了保持自己的奢侈生活，不仅把国库掏空，而且百般搜刮民脂民膏。

这期间，随着社会的发展，农业生产、手工业开始逐步发展，商业在东南沿海一带也开始繁荣。苏州的丝织业尤其发达，富裕的机户开始开设工场，雇用机工，城里的机工已达到几千人之多。

商业城市的繁荣使明朝统治者认为有利可图。为了榨取更多的钱财，明神宗派一些宦官担任收税之职，到这些城市去收税，名为"税监"。税监不仅征收苛捐杂税，还向老百姓百般勒索，使百姓苦不堪言。

1601年，明神宗派"税监"孙隆到苏州征税。孙隆到苏州后，就与当地的地痞流氓勾结，在苏州城各处设立关卡，凡是绸缎布匹进出关卡，一律征收重税，许多商贩因交不起税而不敢进城做生意。这年，又赶上两个月的阴雨天，苏州闹起水灾，使桑田淹没，机户停工。即使遇到了这种自然灾害，孙隆一伙人还要向机户收税，一点儿没有减免。他规定，每台织机收税银三钱；每匹绸缎收税银五分，这样的重税，逼得许多机户倒闭，机工失业。

一天，织工葛贤路过蔀门，看见孙隆手下几个税棍正围住一个卖瓜的农民殴打。葛贤从周围人口中得知，瓜农进城卖瓜因交不出税，税棍就抢了他的一些瓜；等瓜农卖了瓜后买米出城时，税棍又来抢他的米顶税银，瓜农反抗而遭到税棍的痛打。

平日葛贤就对税监的无理剥削感到气愤，现在看到这个情形再也忍不住了，他对周围群众高喊一声："打坏蛋！"路边早已愤怒的群众立刻响应，群众像潮水一般涌到蔀门税卡。

税棍黄建节被群众围住，群众拿起乱石、瓦片向黄建节扔去，这个作恶多端的恶棍被乱石打死。

此时，群众越聚越多，反抗情绪也越来越高。葛贤见大家打死了黄建节，知道事情闹大了，他和群众商量决定，一不做，二不休。大家推举葛贤等20多人当首领，一起找税监孙隆算总账。

葛贤等人分路找到十二个税棍的家，把他们的家点火烧了；另一路群众来到苏州税监衙门捉拿孙隆，呐喊声震天动地，孙隆吓得爬出后墙，狼狈地逃回杭州。

孙隆逃出苏州后，苏州知府下令捉拿参加暴动的人。葛贤不想连累大家，自己跑到苏州府衙门说："带头闹事的是我，要杀要剐由我顶着，不要牵连别人。"

苏州知府见葛贤出来投案，将他关进监狱。

葛贤入狱这天，成千上万的苏州市民含泪为他送行。葛贤进了监狱后，又有上千名群众带着酒饭、衣服到监狱看望他。葛贤把大家慰问的酒饭衣物等都分给了监狱被押的难友。

明朝统治者看到这种情况，知道葛贤的声望很高，由于害怕把事情闹大，没敢杀害他，葛贤坐了两年牢后被释放。

◎故事感悟

　　历史上很多普通人都能深明大义，爱憎分明，明辨是非，在关键时刻挺身而出，为国家为百姓作出了英勇无私的贡献。他们这种行为更值得我们去学习和尊重。

◎史海撷英

皮场庙

　　明朝建国不久，官吏贪赃枉法的事到处发生，明太祖朱元璋为了整顿吏治，想出一个办法。他命全国各府、州、县和卫所，在衙门的左边修一座小庙，里面供着土地神；在官衙大堂公座的左边悬挂一个人皮楦满草的袋子，叫"皮草囊"。

　　原来，这座修在官府衙门左面的庙是专门惩治贪官，扒贪官皮的场所，因此人们叫它"皮场庙"。

刘荣辽东抗倭寇

◎朋友来了有好酒，若是豺狼来了，迎接他的有猎枪。——歌词

> 刘荣（1360—1420年），明朝军事将领。广宁伯。早年冒父名"刘江"，跟从魏国公徐达征战灰山、黑松林，后担任总旗，给事燕邸，被朱棣重用，并授密云卫百户，在靖难之役跟随朱棣起兵，任前锋。之后与朱荣帅精兵夜袭中央军于滑口，斩数千人，获马三千，擒都指挥唐礼等。累授至都指挥佥事。之后在滹沱河大胜，并攻占馆陶、曹州，在平村击败平安部队。永乐八年，跟从朱棣北征，以游击将军督前哨。并在斡难河击败蒙古军，之后在靖房镇再败阿鲁台，大军撤退时殿后，升军中进左都督，遣镇辽东。永乐十二年，再次跟从北征，并任前锋，充总兵官，镇辽东。其间设伏袭击海上倭寇，捉杀千余人，自此倭寇不再骚扰辽东。后封广宁伯，禄千二百石，予世券，始更名荣。永乐十八年去世。谥忠武。

明朝初期，正值日本南北封建诸侯混战时期，日本沿海地区的一些失意封建主开始纠集武夫、浪人、海盗、走私商人等，成百上千的人到清朝沿海各地骚扰，百姓称之为倭寇。他们杀人放火，抢劫财物，无恶不作。清朝疆域北至辽宁、山东，南到浙江、福建、广东，凡是濒海地区均常受其害。明政府虽然对此加强防务，建筑土堡工事，但却没能遏制住倭寇的侵犯。

刘荣为了打击倭寇的入侵，不断到各地观察地形，据险设守以固国防。永乐十四年（1416年）十二月，在旅顺口、望海埚、左眼、右眼、西沙洲、三手山、山头等地修建烽火台七座，并派兵瞭守以防倭寇。

永乐十六年（1418年）八月，刘荣到金州卫巡视，见金州城东北70里亮

甲店附近有一山岗（今属大连金县），登上山岗，沿海诸岛尽收眼底。此地既高且广，旁边还可驻兵千余，是滨海咽喉的自然天险要地。

他还听当地人说，这里是倭寇进犯的必经之地。于是，他上疏皇帝，要在此处"设烽建堠"，派兵驻守，遍布烽火台可遇警燃火，以防倭寇偷袭。

永乐十七年（1419年）六月十四日傍晚，瞭望岗哨发现东南王家岛上举火，刘荣知道有倭寇将来犯，于是立即带领军队赶赴望海，严阵以待。倭寇1600余人分乘兵船31艘，停泊在马雄岛。第二天一早，倭寇从马砣子航至望沙河海口开始登岸，在其头目的率领下，直扑望海埚城堡。

此时，刘荣早已做好全歼倭寇的准备，令都指挥徐刚等率步兵埋伏在山下；令都指挥钱真率马军绕到敌人后面，以备截其归路；令百户姜隆率民兵壮士绕道奔赴海滩，准备焚毁倭寇的船只。

当倭寇一到，刘荣先用步兵去迎战，然后佯装退却引其深入。倭寇窜入堡内，发现里面空空一无所有，正要出堡，突然堡后旗举炮鸣，伏兵奋起对倭寇进行两翼夹击，杀得倭寇鬼哭狼嚎。残寇见势不妙，纷纷向柳树园空堡逃去。

刘荣的将士们斗志昂扬，准备逼寇入堡后全部歼之，刘荣不许，亲率官兵三面围住空堡，故意留出西北方向的出口，使残寇以为有隙可乘，争相从西北面逃命。当残寇拥挤着奔向堡外逃命时，刘荣率军一拥而上，残寇几乎被一网打尽。只有少数先出空堡的倭寇逃出，但又被姜隆率领的士兵们全部俘获，无一幸免。这一仗，总计杀死倭寇742名，活捉857名。

因望海埚之役的胜利，明朝廷诏封刘荣为广宁伯，奖赏食禄1200石，并赐予世券（帝王颁赐功臣，授予世代享受某种官职或特权的铁契），世代因袭，享受爵禄。参与此次作战有功将士294名，均分别奖赏。并继续派遣刘荣镇守辽东。

第二年（1420年）刘荣逝世，追赠为侯，谥忠武，祀以乡贤。

望海埚之役是明初对倭作战的最大胜利，使倭寇不敢再犯辽东，边疆获得保障，辽东百姓可以安宁生活，海上交通也得到安全的保障。从此，移居辽东的汉族人日益增多，对发展辽东经济，特别是开发金、复二州一带（现大连地区），起了更大的作用。

辽东人民为纪念刘荣，在望海埚附近金顶山上为其立祠奉祀，并刻石纪功，以流传后世。迄今为止，庙貌依然，供人瞻礼。山岗上依然有当年的古堡残迹。刘荣死后归葬宿城，葬于当时旧治北马陵山麓的北山刘氏祖茔。旧时宿迁县署衙内西花厅院，建有刘侯祠，供奉着广宁侯刘荣（江）像。

◎故事感悟

刘荣有勇有谋，尽歼来犯的倭寇，大长了中国人的志气，大灭了侵略者的威风。在敌人面前，只有坚决斗争，才能保证国泰民安。这是中国人从古至今的传统。

◎文苑拾萃

凯 歌

（明）戚继光

万众一心兮，群山可撼。

惟忠与义兮，气冲斗牛。

主将亲我兮，胜如父母。

干犯军法兮，身不自由。

号令明兮，赏罚信。

赴水火兮，敢迟留。

上报天子兮，下救黔首。

杀尽倭奴兮，觅个封侯。

明朝嘉靖四十一年，戚家军攻克横屿，凯旋回师，戚继光和全军将士一同赏月，当时军中无酒，戚继光即席口述凯歌一首，教全军将士一起唱和以歌代酒激励士气。

郑晓斗倭寇

◎大志非才不就，大才非学不成。——郑晓《训子语》

> 郑晓（1499—1566年），字窒甫，浙江海盐人。明朝刑部尚书。自幼读遍《史记》《元史》，嘉靖元年（1522年）举乡试第一，嘉靖二年（1523年）成进士，授兵部职方主事，著《九边图志》。因父忧而归海盐，久居乡间。许赞任吏部尚书时，召入吏部任考功郎。不畏严嵩权势。迁太仆丞，后任刑部右侍郎。嘉靖四十五年（1566年）卒。赠太子少保，谥端简。著有《吾学篇》《征吾录》《古言》《今言》等书。《明史》评价："谙熟掌故，博洽多闻，兼资文武，所在着效，亦不愧名臣。"

　　郑晓是明嘉靖年间的名臣，也是当时著名的学者，对旧典故籍较有研究，通晓国防扼要、边塞形势和兵马设置强弱等情事。明朝到嘉靖时，政治已非常腐败，皇帝昏庸，不理政事，奸臣严嵩把持朝政，倭寇猖獗于东南沿海各省。

　　大江南北都遭到倭寇侵扰，水上运输船只几乎被阻断。时任兵部右侍郎兼副都御史的郑晓请求调发国库银子几十万两，用来造战船，修筑城堡，操练兵将，积存粮草，世宗皇帝下诏令答应了他。但有奸诈坏人贪图敌人贿赂，很多与敌人通气。

　　通州（今江苏南通市）人顾表尤其凶暴狡猾，为倭寇作向导。因此倭寇的营地都占据要害地方，全部掌握了官军的内部情况。郑晓悬重赏逮捕了顾表，并杀了他。

　　然后招募盐民中勇猛强悍的当兵，增设泰州（今江苏泰州）海防副使，建筑瓜州城（今江苏省邗江县南），在庙湾、麻洋、云梯（三地皆今属江苏）等海口地方都增兵设瞭望的土堡。

于是在通州打败倭寇，又接连在如皋、海门（两地今属江苏省）打败他们，在吕泗（今属江苏）偷袭了他们的军队，并在狼山（今属江苏）将他们包围住，前后共杀倭寇900多人。倭寇大败逃去。

◎故事感悟

　　郑晓本是一位学有所成的学问名家，然而在抗倭斗争中却表现出了中国人应有的斗争精神，他同倭寇斗，同奸臣斗，其战斗精神为后人所称道。

◎史海撷英

郑晓与严嵩的斗争

明朝时期，朝廷内部的朋党之争一直存在。有一次，明世宗皇帝嗔怪原先负责监察的言官胆小怕事，没有担负起纠劾的责任，于是又命"考功郎"对朝臣进行考察，凡不称职的均予以割免。

大学士严嵩想借机排斥异己，但郑晓不买严嵩的账，倒是趁机纠劾了乔佑等13名严嵩的党羽。

严嵩想把自己的义子赵文华安插为"考功郎"，以便与郑晓进行抗衡。郑晓则抓住赵文华也是浙江人的特点，向吏部尚书许赞进言说："从前黄祯任吏部文选司郎中时，要调李开先为考功郎，由于他俩都是山东人，帝诏不许。现在严嵩要调赵文华为考功郎，我郑某只有辞官下野了。"

郑晓的话中暗有所指，柔中有刚，许赞被点明后，便没有同意严嵩的要求。

接着，严嵩又想把儿子严世藩任命为尚宝丞，郑晓又提出反对意见说："治中调迁知府有例，调迁尚宝丞尚无先例。"

郑晓的一句话，就将严嵩的要求顶了回去。

◎文苑拾萃

抗倭诗

（明）施德征

偏师春尽渡澎湖，圣主初分海外符。

鼙鼓数声雷乍发，舳舻百尺浪平铺。

争传日下妖氛恶，那管天边逆旅孤。

为道凯歌宜早唱，江南五月有莼鲈。

戚继光抗击倭寇

◎封侯非我愿，但愿海波平。——戚继光

> 戚继光（1528—1588年），字元敬，号南塘，晚号孟诸。山东登州人，一说祖籍安徽定远，生于山东济宁。是明代抗倭将领，军事家。于浙、闽、粤沿海诸地抗击来犯倭寇，历十余年，大小八十余战，终于扫平倭寇之患，被我国誉为民族英雄。卒谥武毅。著有《纪效新书》《练兵实纪》《止止堂集》等书并传世。

　　"倭患"是中国历史上来自东南方面的第一次外患。14世纪，正值我国建立起明王朝之际，日本进入了分裂时期，内战频繁，一批武士因战败而失掉军职，得不到土地，成为无业的"浪人"。他们勾结流氓和奸商，流亡在海上，不断地侵扰我国东南沿海地带。

　　由于日本在古代被称为"倭国"，所以，历史上就称这些浪人、流氓等为"倭寇"。

　　明朝初年，国势较强，海防巩固，采取了一系列措施打击倭寇。倭寇在相当长的一段时间内虽然对中国屡有骚扰，但并未酿成大患。

　　明朝中叶以后，我国政治腐败，国防力量削弱，海防废弛。这时日本内战更加频繁，倭寇加紧劫掠中国沿海。中国沿海的一些大地主、大商人与倭贼勾结，助寇为虐。倭寇每次侵扰，都杀人放火，肆行掳掠，中国人民深受其害。

　　倭寇的行径，引起了沿海人民的无比愤怒。他们纷纷起来抗倭，保卫家乡。倭寇的行径，也给中国封建统治集团带来了严重损失。为了维护封建统治，他们不得不反击倭寇。戚继光就是在这种条件下出现的一位抗倭名将。

戚继光自幼痛恨倭寇，16岁时曾慷慨赋诗："封侯非我愿，但愿海波平"，表达了抵御外侮的抱负。后来，他任登州卫指挥佥事，督修海防工事，加紧练兵，使得山东沿海的防务日趋巩固，成绩卓著。

1555年，戚继光调任浙江参将，镇守宁波、绍兴、台州三地。

戚继光在浙江看见明朝军队腐败，无法灭倭，就三次到义乌招募农民和矿工约1.6万人，组成新军，史称"戚家军"。这支军队来自民间，没有染上官军的腐败风气，具有保卫家乡、抵御倭寇的旺盛斗志。

戚继光根据江南地多沼泽和倭寇惯于以重箭、长枪作战的特点，创造一种与倭寇进行短距离博斗的战斗组合——鸳鸯阵。鸳鸯阵有火器和弓箭作掩护，遇倭寇作战时，敌进百步之内，始发火器击敌，60步之内，再发弩箭射敌。敌再进，便用鸳鸯阵冲杀，即以12人为一队，分持长、短兵器，相互配合作战。戚军经过严格的训练，成为一支精通战法、武艺高强的劲旅。

1561年4月，倭寇数千人，乘100多只战船，进犯台州地区，大肆掳掠。戚军闻讯神速赶到，在台州一带先后九战皆捷，全歼敌人，史称"台州大捷"。倭寇慑于戚继光的威名，称之为"戚虎"。戚军从此威震天下。

1562年，戚继光率师援闽。当时离宁德县城十里远的横屿，是个四面环水的小岛，易守难攻，倭寇在此集结。新到之倭寇占福清县的牛田，其头目占兴化县的林墩，东南相互声援。戚继光赴闽后，首攻横屿的倭寇，趁落潮之际，每人持干草一束，填壕而进，以锐不可当之势，攻下了倭寇的老巢。

戚军乘胜至福清，打败了牛田的倭寇。紧接着连夜奔赴兴化，一举攻破林墩倭营，先后斩敌数千。

戚继光返浙后不久，新来许多倭寇，攻陷兴化、平海卫，福建沿海形势再度紧张。1563年，戚继光再次率师援闽。他与著名抗倭大将俞大猷等相配合，收复了失地，将窜犯福建的倭寇基本消灭。

1565年，戚继光和俞大猷会师，合剿盘踞在广东南澳的汉奸吴平率领的海寇。次年，吴平率船30余艘，企图南逃，被明军追歼。至此，侵犯东南沿海的倭寇被全部消灭。

◎故事感悟

戚继光十余年内转战各地，依靠人民群众的力量，取得了抗倭战争的胜利，保障了沿海人民的生命财产，使沿海地区的社会经济得到了恢复和发展。戚继光的历史功绩，得到后人的称颂。

◎史海撷英

明朝的造船业

由于元朝经办以运粮为主的海运，又继承和发展了唐、宋的先进造船工艺和技术，建造了大量的各类船只，其数量和质量都远远超过前代。据记载，元朝初期仅水师战舰就有17900艘，元军往往为一个战役能建造几千艘战船。此外，还有大量民船分散在全国各地。

元朝时，阿拉伯人的远洋航行逐渐衰落，在南洋、印度洋一带航行的船只几乎都是中国的四桅远洋海船。那时，中国在航海船舶方面居世界首位，所造船只的性能等都优于阿拉伯船。

元朝造船业的大力发展，为明朝建造五桅战船、六桅座船、七桅粮船、八桅马船、九桅宝船等创造了有利的基础和条件。因此到了明朝时期，我国造船业的发展达到了一个新的高峰。

据考古新发现和古书记载，明朝的造船工场分布之广、规模之大、配套之全都是史无前例的，达到了我国古代造船史上的最高水平。主要造船场有：南京龙江船场、淮南清江船场、山东北清河船场等等。

明朝造船工场有与之配套的手工业工场，用以加工船只所需要的帆篷、绳索、铁钉等零部件，还有专门堆放木材、桐漆、麻类等的仓库。

当时，造船材料的验收，以及船只的修造和交付等也有整套严格的管理制度。正是因为有了这样雄厚的造船业基础，才会有明朝的郑和七次下西洋的远航壮举。

明朝造船业的伟大成就，后来一直都为世界各国所称道，也是中国人民对世

界文明的巨大贡献。只是到欧洲资本主义兴起和现代机动轮船出现后，我国在造船业上享有的优势才逐渐失去。

◎文苑拾萃

登石门驿新城眺望

（明）戚继光

万壑千山到此宽，边城极目望长安。

平生自许捐躯易，遥制从来报国难。

尚有二毛惊岁变，偶闻百舌送春寒。

庙堂只恐开边衅，疏草空教午夜看。

郑成功收复台湾

◎推此志也，虽与日月争光可也。——《史记·屈原
　　贾生列传》

郑成功（1624—1662年），幼名福松，名森，字明俨、大木，因蒙隆武帝赐明朝
国姓郑，更名成功，世称"郑国姓"、"国姓爷"；又因蒙永历帝封延平王，称"郑延
平"。郑成功之父为福建泉州南安、曾为海盗的南明水师将领郑芝龙，母为日本肥前
国平户岛的田川氏；他出生于母亲的故乡平户，六岁时被父亲接往福建老家，及长被
送往南京求学。1645年清军攻入江南，不久芝龙降清、田川氏在乱军中自尽；成功乃
率领父亲旧部在中国东南沿海抗清，成为南明后期主要军事力量之一，一度由海路突
袭、包围清江宁府（前明南京），但终遭清军击退，只能凭借海战优势固守海岛厦门、
金门。1661年率军横渡台湾海峡，翌年击败荷兰东印度公司在大员（在今台湾台南市
境内）的驻军，开启东宁王朝时代，但不久即病死。郑成功死后，台湾民间设有庙宇
（包括后来的延平郡王祠）加以祭祀。

郑成功是南明抗清名将，父为海盗出身的南明将领郑芝龙，母为日本人
田川氏。郑成功籍贯福建泉州石井（现拆分为晋江安海镇，南安石井镇），出
生于日本九州平户藩。他在郑芝龙投降清朝而被俘虏后，领军和清朝对抗15
年，是南明最主要的抗清势力，其间一度以大军包围金陵，但功败垂成。他
曾率军渡过台湾海峡，击败荷兰东印度公司的军队并接收其领地，建立台湾
第一个汉人政权，史称明郑时期。

台湾自古以来就是我国的神圣领土。荷兰殖民者于1624年侵占了台湾，
对台湾人民进行残酷的剥削和掠夺。台湾人民英勇反抗，斗争此起彼伏。最

后把荷兰殖民者赶走的，是从大陆去的郑成功。

郑成功的父亲郑芝龙，曾经开发台湾，被明朝招抚，1646年投降清朝。郑成功拒绝投降，于同年起兵抗清。他以厦门为根据地，连年出击浙江、福建沿海一带，曾一度打到南京城外，后来战败退回。因为厦门无法固守，需要开辟新的抗清根据地，郑成功便决计收复台湾。

1661年3月1日，郑成功率领大小船只350艘，将士2万多人，从厦门出发，渡过了台湾海峡，胜利到达了台湾鹿耳门港外。

鹿耳门平时海水很浅，航道弯曲狭窄，很不好航行，海底是沙石浅滩，稍不留心，船舶就会被搁浅或碰碎。荷兰殖民者又把一些损坏了的甲板船沉到海底，增加了航行的障碍。因此，荷兰殖民者认为鹿耳门是攻不进的"天险"。他们没有料到，郑成功的船队却偏偏走了鹿耳门那条航道。

四月初一中午，鹿耳门外潮水大涨。郑成功让从台湾来的爱国者何廷斌按照他秘密探测过的路线，在前面引路。战船一艘跟着一艘，沿着曲折的港路鱼贯而入。不久，就驶进鹿耳门，一直冲到了荷兰总督所在的赤嵌城附近，迅速在禾寮港登陆，向敌人展开猛攻。

荷兰殖民者没有料到郑成功的船队从天而降，慌忙迎战，死伤惨重，荷兰海军司令也被劈死，余下的只好龟缩在赤嵌城里。

郑成功在台湾人民的积极援助下，一面派部队去切断敌人的陆上交通，一面乘胜进攻赤嵌城，并写信去招降。荷兰殖民者起初顽抗不降，郑成功的军队就把城团团围困起来，断绝城中水源，又在海上连续击溃荷兰援军。

经过七个多月的战斗，荷军死亡1600多人，荷兰总督只好挂起白旗，在1662年2月1日向郑成功投降。被荷兰侵略者占据38年的台湾，终于回到了中国人手里。

郑成功收复台湾以后，建立起政权，采取许多有效措施，加紧政治经济建设，制法律、定官职、兴学校，建立行政机构，发展台湾农业生产和海上贸易，实行民族友好政策和屯田养兵的政策，准备恢复明朝。不幸在五个月后，他患病去世了，他的儿子郑经继续对台湾进行开发和治理。

1683年，台湾得到收复，回归祖国怀抱。

◎故事感悟

郑成功为了保全祖国神圣的领土，勇于抗争，收复了台湾，他不愧是中华民族的民族英雄。

◎史海撷英

台湾的发展

据有关历史记载，台湾的历史可以追溯到230年。当时，三国的吴王孙权派一万官兵到达"夷洲"（台湾），吴人沈莹的《临海水土志》记录了对台湾最早的记述。

隋唐时期（589—618年）称台湾为"琉球"，隋王朝曾三次出师台湾。据史书记载，隋大业六年（610年）汉族人开始移居澎湖地区。

宋元时期（960—1368年），在澎湖地区已有相当数量汉人。汉人开拓澎湖后，带去了当时先进的各种生产技术。

12世纪中叶，宋朝将澎湖划归福建泉州晋江县管辖，并派兵戍守。元朝也曾派兵前往台湾。元、明两朝政府还在澎湖设巡检司，负责巡逻、查缉罪犯，并兼办盐课。

明朝后期，对台湾的开拓规模越来越大，在战乱和灾荒的年代，明朝政府的福建当局和郑芝龙集团曾经有组织地移民到台湾。

16世纪，西班牙、荷兰等西方殖民势力迅速发展。17世纪初，荷兰殖民者乘明末农民起义和东北满族势力日益强大，明政府处境艰难之时，侵入了台湾。

1644年，虽然满清入关，在北京建立了清朝政权。但1661年4月，郑成功以南明王朝招讨大将军的名义，率2.5万将士及数百艘战舰由金门进军台湾，最后收复台湾。

1684年，清政府设置分巡台厦兵备道及台湾府，隶属于福建省。

1885年，清政府将台湾划为单一行省，台湾成为中国第二十个行省。

1894年，日本发动甲午战争，清政府战败，于1895年4月17日，签订丧权辱国的《马关条约》，把台湾割让给日本。

1945年8月，日本在第二次世界大战中战败，8月15日宣布无条件投降。台湾重新回到祖国怀抱。

杨儒舍命拒俄约

◎一身报国有万死，双鬓向人无再青。——陆游

杨儒（？—1902年），字子通。汉军正红旗人。同治六年（1867年）举人。光绪十四年后曾先后任常镇通海道、温处道、徽宁池太广道。光绪十八年，以四品卿身份出任驻美国、西班牙、秘鲁三国大臣。四年后（1896年），调任驻俄、奥、荷三国公使。1901年，与俄交涉收回俄强占东三省问题，不顾威胁利诱，拒绝在卖国条约上签字。1902年2月19日，死于彼得堡任所。

1861年，杨儒以监生捐得员外郎后，被任命在兵部办理军务。从1888年起，他先后出任江苏常镇通海道、安徽徽宁池太广道。1892年，出使美国、西班牙和秘鲁，三年后转任驻俄国、奥地利、荷兰三国公使。

杨儒出任驻俄公使期间，沙俄在鲸吞了中国黑龙江以北、乌苏里江以东以及西北地区150多平方公里领土以后，又把掠取整个中国东北作为它的侵略目标。

1896年，沙俄以助华抗德为名，强租旅大；1900年，乘八国联军侵华之机，沙皇尼古拉二世自任侵华军总司令，出动17万军队强占了中国东北三省。

正是在这种形势下，1901年1月1日，杨儒以驻俄公使身份被任命为全权大臣，负责与沙俄谈判交收东北三省问题。

杨儒受任于国难当头，他身处异域，势单力孤。当时，八国联军占据北京，清廷君臣逃到西安。在此种背景下，要维护国家的权益，犹如从强盗嘴

里夺回一颗珍珠，非常艰难。

谈判从1月4日到4月6日，历时3个月，杨儒等人与俄财政大臣维特和外交大臣拉姆斯多夫分别会谈了22次。

1月3日，杨儒读到英国《泰晤士报》刊登的一条消息："沙俄与清政府已订立《奉天交地暂且章程》。章程规定：沙俄在沈阳派驻'总管'，奉天将军所办要政，该总管应当明晰；奉天的中国军队一律遣散，军火交出，炮台、火药局拆毁；俄军留驻奉天，他们的住房、粮食由清朝方面供给。"

杨儒阅后气愤地说："这不是完全剥夺了中国在奉天的主权吗？"

同时，他感到奇怪：为什么朝廷不把这样一件重大的事情通知他这个驻俄公使呢？杨儒立即去维特处质询，证实确有其事。杨儒及清朝廷才知道，是沙俄单方面蓄意炮制了一个侵犯中国主权的文件。

原来，沙俄在侵占中国东北三省后，为了制造"合法"根据，企图与清政府秘密交涉签约。但由于八国联军攻占了北京，慈禧和光绪帝出逃西安，所以，就软禁了盛京将军增祺，要他派人去旅顺"谈判"交还奉天问题。失去自由的增祺只得让已革道员周冕前往。岂料周冕一到旅顺，放在他面前的竟是沙俄早已拟好的这份章程。

在沙俄的野蛮压力下，周冕被迫签了字。而这一切，逃亡中的清政府毫无所知。

当时，奕劻、李鸿章正与占领京津地区的八国联军谈判《辛丑条约》，杨儒只身在外，处境极为艰难。杨儒要收回东三省，他觉得这是捍卫中国的主权而义不容辞的责任。他抱定宗旨：新订条约必须无损中国的兵权、利权、行政权，而且一定要措辞得体，行文严密，使别国无法从此效尤。

中俄的谈判交涉，首先围绕《奉天交地暂且章程》展开。第一次正式谈判一开始，沙俄代表维特和拉姆斯多夫在谈判桌上气势逼人，要杨儒首先承认《暂且章程》，然后再议正约。

杨儒当即严正指出："章程不但夺我兵权，而且干涉内政，侵犯主权，此事断难允准！"

维特说："章程已由中国官员签字。"

杨儒驳斥说："这是已革道员擅自画押，并未请示，政府更不知情。章程没有法律效力，必须罢废。"

此时，帝国主义分赃谈判正在北京举行，俄国急于在各国与清朝签订条约之前，先行与清朝订约，造成既成事实，使其他帝国主义国家无法干涉。因而，沙俄担心由于《暂且章程》的争论影响正约的谈判，经过六次交涉，只得于1月23日答应废除暂约。

沙俄在谈判《暂且章程》时，维特曾口头提出过"十三条款"。转入正约谈判后，又先后抛出两个约稿，即2月16日的"十二条款"和3月12日的"十二条款"，并声称"细节可商，大旨难改"！这三个约稿意思大同小异，主要内容是：

（一）东三省中国只准设巡捕兵，名额须与俄协商；

（二）东三省简放将军，须先与俄商明；

（三）满洲、蒙古暨中国三省，未经俄允许，无论何项利益不得让与他国；

（四）满洲、蒙古等地中国不得建造铁路；

（五）金州城归于俄国租借地；

（六）满洲税关由俄人代理；

（七）山海关至营口铁路俄愿出资购买。

观其要点，则东三省名虽存而实已亡，中国北部诸省均已纳入沙俄的势力范围。

杨儒指出：俄国是欲将东北像俄之待布哈拉、英之待印度一样，所谓"交地"有名无实，一语道破了沙俄要把东北变成殖民地的真实意图。

杨儒对约稿提出"三驳三改"的意见，对其中关于中国北境水陆师不用他国人训练、金州划归租借地、驻军及蒙古、满洲路矿利益等问题一一予以驳斥，实际上对约稿基本否定。

维特大讲俄在东北损失巨大等等。杨儒针锋相对：若当时铁路不造在满洲境内，何至如此！有力的反驳使维特恼羞成怒。

3月12日，沙俄把原"十二条款"做删削后，提出改稿十一条。修改稿只是删去了一些字句，其妄图独占东北的实质并未改变。拉姆斯多夫放言道："此经我君核准，即为定稿。限15天画押，逾期则交收作罢！"

3月15日，沙俄外交部威胁说："约稿不能再易一字，亦不能展限，或允或决，一言而决！"

3月18日，再次逼迫："限期已迫，如逾期不画，勿再议交收，勿再言友好。"胁迫杨儒立即签字画押。

沙俄侵略者在谈判中要尽了手腕，但杨儒以国家利益为重，为国家和民族寸步不让。俄提出最后约稿后，对杨儒利诱收买，承诺如果杨儒答应画押，俄国可在"青泥洼或彼得堡为公置田若干、庐若干。公择一而处之，足以徜徉，终其天年"，杨儒不为所动。

利诱不成又威逼恫吓，维特说："中国时下只有两条路可走，或赶速画押，得俄国之帮助；或与俄决裂，听俄国之自便。"

杨儒毫不示弱："宁肯与俄决裂，被清廷治罪，也不出卖祖国权益。"

当时，清政府主持外交的是奕劻和李鸿章，他们在沙俄的威逼利诱下早已屈服。这时，他们见最后约稿已把刺目的字句删去，五天内三次电示杨儒："势处万难，不能不允。"令他"即酌量画押，勿误"！

逃亡西安的清政府没有主见，军机处在慈禧的授意下，于3月23日电告杨儒"惟有请全权定计，朝廷实不能遥断也"。把所有责任推给了杨儒。

至此，杨儒受到内外压力，处于进退维谷的境地。朝廷把签字的权力交给他，该签而不签将负很大的罪责；但是如此丧权辱国的条款，又怎么能答应呢？此时，他收到国内督抚和各地绅商的电报，纷纷要他拒签条约。

沙俄逼迫签约的消息传到国内，舆论哗然。上海绅商近千人两次在味莼园（张园）集会抗议，数十人慷慨演说。3月17日，联合致电杨儒："俄约激动全局，大祸立起，士民公愤，乞力挽。"并通电各省："东三省者中国人之东三省，非俄人之东三省。俄欲夺之，我必复之！"还致电朝廷，希望朝廷能"力拒俄约，以保危局"。

香港、澳门、新加坡、檀香山的爱国华人也纷纷致电清政府，要求拒签俄约。一些爱国官员和驻外使节，也劝杨儒"统筹全局，格外慎重"，不要轻率签约。

读着一封封义正词严的电文，杨儒感到自己并不孤立。他在给朝廷的电报中表示，除非奉朝颁发确旨，否则决不签约。

连续两个多月的艰苦谈判，使年已古稀的老人身心交瘁。3月22日，他回使馆时不幸因雪滑跌伤了左臂和右腿。

沙俄得知清廷已让杨儒"全权定计"，能否签约在于杨儒一人，便于3月24日约见杨儒。杨儒步履艰难，在别人的搀扶下带病前往。

维特说："贵国军机处既有全权定计酌量画押之令，贵大臣为何不肯画押？"

杨儒答道："非明奉朝旨，何能自行画押？且画押后政府必不承认，必不批准。"

维特马上说："如贵大臣能画押，他日政府不能批准，再行作废！"

杨儒周旋道："私自画押，该罹何罪？我惜只有一颗头颅耳！"

维特摆出"国际警察"的姿态说：中国政府如欲加罪于与俄订约之人，俄必出场保护。

杨儒听到这话，感觉受到莫大耻辱，他怒不可遏，厉声痛斥道："贵大臣何出此言？我系中国官员，欲求俄国保护，太无颜面！如此行为，我在中国无立足之地矣。此言甚为贵大臣所不取也！"杨儒的义正词严，显示出一位爱国者的高风亮节。

3月25日，签约限期只剩最后两天了。杨儒再次强忍伤痛到沙俄外交部，要求暂缓时日继续谈判。拉姆斯多夫威胁说："不愿画押，只有从此不提此事了！"并限次日早晨9点20分之前作答。

杨儒忧心如焚地转回公使馆。这时，正遇寒风夹着雨雪漫天飞舞，他再次滑跌而不省人事，从此一病不起。

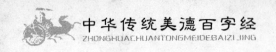
3月26日是限期的最后一天。午时，刚刚苏醒的杨儒忽然接到朝廷的谕旨："不遽行画押！"

原来，沙俄强迫订约引起了列强的密切注视，英、日、美、德等国都不愿沙俄独吞奉天，纷纷警告清政府不得订约。

清政府意识到，如果不签字，只激怒了沙俄；但如果签字画押则会造成"群起效尤分据，其祸尤速"。加之国内爱国官员和各界人民的强烈反对和催促下，清政府才电令杨儒不要签字。

杨儒当即让译员将电文送往俄国外交部，拉姆斯多夫见此，知大势已去，又拿出无赖的腔调恐吓道："现在无话可说，中国自看以后情形！"

4月6日，沙俄政府发表宣言，声明这次谈判暂作罢论。至此，中俄交收东三省的谈判宣告破裂。

在三个月的谈判中，杨儒据理力争，拒绝在卖国条约上签字。在中国近代外交史上，这次谈判是中国外交官第一次没有在屈辱条约上签字的谈判。这次外交的胜利，为东北三省留下一线生机，维护了祖国的统一。杨儒不避艰难，力顾大局，是一位有民族气节的爱国外交家。

◎故事感悟

杨儒没有华丽铺陈的辞藻，没有沾沾自喜的夸耀，没有英雄壮烈的誓言，只有满怀着赤诚的爱国之心，他用自己的生命向帝国主义列强展示了一个外交家悲壮的尊严。

◎史海撷英

三国干涉还辽

三国干涉还辽事件，发生于甲午战争之后。当时，战败的清政府与日本明治政府于1895年4月17日签署《马关条约》，将中国的辽东半岛给予日本。六天后，俄国、德国和法国以提供"友善劝告"为借口，迫使日本把辽东又还给了中国。

4月23日，俄、德、法三国联合政府向日本政府发出劝告，要求日本归还辽东给予中国，并限定在15日之内答复；三国甚至准备派出海军舰队前往东北。

日本为了保住条约所得，4月30日，日本提出只占领旅顺与大连两海港，加上一些赔款。但三国态度强硬，毫不退让。日本希望英国给其支持，但英国也建议日本接受三国的"劝谕"。

在此等压力下，加之签署条约的日方代表伊藤博文是主和派，日本只能在5月5日宣布放弃对辽东半岛的永久占领。

10月19日，日本与"三国"达成协议：日本归还辽东予中国，但清廷要付出3000万两白银作为赔偿。11月16日，清廷赎回了辽东。

"三国"的外交胜利，激起了世界几大强国对中国实行进一步侵略的野心。1896年，俄国以迫日还辽有功，强迫清政府与其签署《中俄密约》，后来密约泄露，列强争相迫使清朝划出势力范围、租界与租借地。

1898年，俄国租下旅顺和大连两港口，德国则强占了胶州湾。"三国"在整个事件中各怀鬼胎，反映了19世纪末与20世纪初紧张的欧洲国际关系。

"三国"干预还辽，仅仅是帝国主义列强侵占中国而引起的纷争。清政府虽签署和约，却在上述事件中毫无发言权，而是只能干看着让《马关条约》的无理条款剥削中国。此事件激起中国知识分子对国情的反思，开启了百日维新的先声。

◎ 文苑拾萃

《瀛环志略》

《瀛环志略》是近代中国人系统介绍世界史地知识的一部名著，作者涂继畲，道光二十八年（1848年）初刻于福建抚署。1848年秋，《瀛环志略》刊行。

此书被视为是《海国图志》的姊妹篇，是亚洲第一部系统介绍世界地理的著述，也是近代中国具有先进思想的人们向西方学习的启蒙读物。该书以战国思想家邹衍所论中国之外有大九州，有大瀛海环绕，故名《瀛环志略》。

　　书中全面扼要地介绍了世界各国的地理沿革、政情历史、民俗风情、经济状况等。书中开篇为总说，后为分叙，总分图44幅。《瀛环志略》共十卷，一卷志阿非利加（非洲），二卷志亚墨利加（美洲），三卷志亚细亚（亚洲），四卷志欧罗巴（欧洲），共介绍了100多个国家和地区。

　　书中将各洲各国的疆域、种族人口、历史沿革、建置、物产、生活风俗、宗教、盛衰等方面做比较，各类介绍翔实明细，边叙边议，图文并茂，可读性和实用性都很强。

燃遍全国的反帝怒火

◎大路不走草成窝，胸膛不挺背会驼。——格言

邓中夏（1894—1933年），原名邓康，字仲懈，中国湖南宜章人，中共早期领导人之一。早年就读于私塾，后入衡阳中学和湖南高等师范学堂学习。1917年考入北京大学中文系，因受李大钊影响而倾向于共产主义。1919年，邓中夏参与发起五四运动，是火烧赵家楼事件的主要参与者之一。1920年，邓中夏协助李大钊成立了马克思主义研究会，成为中国共产党的创始人之一。1922年7月，在中国共产党第二次全国代表大会上，邓中夏被选为中央执行委员会候补委员，进入中共主要领导行列。1923年随劳动组合书记部前往上海，同蔡和森等创建上海大学并任校务长，创办《中国青年》杂志。1928年，邓中夏赴苏联参加中国共产党第六次全国代表大会。1930年回国后任红二军团政治委员。1933年5月15日在上海被捕，9月21日被国民政府枪决于南京雨花台。

　　1925年5月30日，不堪帝国主义压迫和掠夺的中国人民，在上海的南京路上爆发了一场大规模的反对帝国主义的革命运动。这就是著名的五卅运动。

　　第一次世界大战结束以后，帝国主义各国重新划分了自己的势力范围，残酷地榨取殖民地附属国人民的血汗。帝国主义在中国开办的工厂，对中国工人进行敲骨吸髓的剥削。

　　但是，当时的中国工人阶级已经有了自己的政党——中国共产党的领导。为了摆脱奴隶的命运，改善生活条件，各地的罢工运动风起云涌。其中，规模和影响最大的是日本资本集中的上海和青岛两地日本纱厂工人的罢工。

　　1925年初，上海日本内外棉八厂企图以童工代替一部分男工，纱厂工人

发动了声势浩大的二月罢工。党中央派邓中夏等同志组织了专门指挥这次罢工的委员会，罢工坚持了近一个月。工人聚居区沪西的潭子湾荒草地上，差不多每天都有成千上万的工人集会。

在群众力量面前，日本资本家被迫答应工人的部分条件。复工那天，日本资本家一反过去高傲的常态，来到车间向工人鞠躬，工人才答应上工，大灭了帝国主义的威风。

但是，帝国主义势力是不会善罢甘休的，他们的笑脸后面隐藏着杀机。工人按约复工后，日本资本家就违约开除工会代表40余人，并以种种借口克扣工人的工资。五月上旬，内外棉第十二厂工人再次罢工。

5月15日，日本资本家借口存纱不敷，将内外棉第七厂（布厂）关闭，同时停发工人工资。这天下午，共产党员顾正红和一些工人要进厂做工，被日本资本家无理拒绝。工人冲开厂门，日本资本家对着领头的顾正红连续开枪。血，从顾正红头上流下来，他一手紧抱树干，一手费力地向人群挥扬，示意工人坚持斗争。

顾正红烈士的鲜血激起了中国人民的义愤。上海各大学学生纷纷走上街头，演讲、募捐，救济死伤工人。5月28日晚，中共中央召开会议，提出把工人阶级的经济斗争转变为政治斗争，决定在5月30日举行反帝大示威。

5月30日早晨，上海几千工人、学生拥上街头，高呼："收回租界！""打倒帝国主义！"以英帝国主义为首的租界当局命令巡捕大肆逮捕，仅老闸捕房一处就拘捕学生100多人。

下午，愤怒的群众一万多人聚集到老闸捕房前，要求释放被捕学生。早有预谋的英国巡捕头子下令向手无寸铁的人群开枪，当场打死十多人，打伤几十人，中国人民的鲜血染红了南京路。

当天晚上，中共中央召开紧急会议，号召举行罢工、罢课、罢市，抗议帝国主义的野蛮屠杀。第二天，上海总工会宣告成立。

从6日1日起，上海20多万工人罢工，5万多学生罢课，绝大多数商人罢市。参加"三罢"的阶层十分广泛，连"公共租界"的中国巡捕、外国人的仆役，以及清洁工人，都投入到了运动中。上海人民怒吼了！

反帝怒火很快从上海燃遍全国。北京、天津、济南、南京、杭州、郑州、汉口、重庆等城市，以及山西、陕西、内蒙古、云南等地的偏僻乡镇，都爆发了"三罢"。其中，广州、香港25万工人的大罢工持续了16个月，是世界工人运动史上历时最长的大罢工之一。河南、广东、湖南等省的农民也参加了斗争，海外侨胞、留学生也声援祖国人民的正义斗争。

◎故事感悟

五卅运动掀起了全国的革命高潮，全国人民勇敢斗争，沉重地打击了帝国主义，显示了中国人民反帝的巨大力量。

◎史海撷英

沙基惨案

1925年6月19日，香港工人在中国共产党人邓中夏、苏兆征、陈延年等人的领导下，开始了支援上海人民反帝斗争大罢工，十余万工人愤然离开香港回到广州。

6月21日，为声援上海工人的罢工，香港沙面工人也实行了罢工，工人们离职返回广州。6月23日，工人们举行了大规模的示威游行。当日下午1时，广州各界20多万人在东校场举行市民大会，一致通过援助"沪案条件16条"，会后又进行了游行。工人、商人、学生、黄埔学生等顺序从东校场出发，经惠爱东路、永汉中路，出长堤西壕口，经过沙面租界河对岸的沙基。

下午3时，当游行队伍来到沙面英、法租界对岸的沙基西桥口时，早已在此处布置好的英、法海军陆战队，从沙面突然向示威群众开机枪扫射，游行队伍立即四散躲避，当场死亡59人，重伤百余人。同时，驻扎在白鹅潭的外国兵舰也向北岸开炮示威。这就是在当时影响很大的沙基惨案。

◎文苑拾萃

过洞庭

邓中夏

莽莽洞庭湖，五日两飞渡。

雪浪拍长空，阴森疑鬼怒。

问今为何世？豺虎满道路。

禽狝歼除之，我行适我素。

莽莽洞庭湖，五日两飞渡。

秋水含落晖，彩霞如赤炷。

问将为何世？共产均贫富。

惨淡经营之，我行适我素。

民族解放的先锋

◎恨不抗日死，留作今日羞。国破尚如此，我何惜此头。——吉鸿昌

"华北之大，已经安放不下一张平静的书桌了！"1935年北平（今北京）学生的这句话，说明了当时民族危机的深重。那一年，日本帝国主义对华北发动了新的侵略，向国民党政府提出华北统治权的无理要求。蒋介石坚持卖国、内战、独裁的反动政策，对敌人步步退让。

同年6月，蒋介石颁布了所谓的《敦睦友邦令》，认日寇为友邦，并派亲日分子何应钦与日本签订了丧权辱国的《何梅协定》，出卖了华北。

同年12月，国民党政府顺从日本的要求，同意河北、察哈尔两省"特殊化"，准备在北平成立傀儡性的政权"冀察政务委员会"。这个卖国阴谋使北平的学生怒不可遏。

正当中华民族处在最危急的时候，中国共产党发表了"八一宣言"，提出了停止内战、建立民族统一战线、共同抗日的正确主张。共产党的抗日救国的号召和红军长征胜利的消息，极大地鼓舞了全国人民的斗志，特别是使面临着沦为亡国奴的华北人民从黑暗中见到了光明。北平的青年学生在中国共产党的领导下，勇敢地起来战斗了。

12月9日，北平学生6000余人冲破国民党反动军警的层层封锁线，汇集到国民党政府在北平的最高机关门前，提出了抗日爱国要求。

在这些要求被无理拒绝之后，学生群众愤怒地奔向街头，举行了声势浩大的示威游行。学生们高呼"打倒日本帝国主义"、"停止内战，一致对外"、

"反对华北自治"等口号，走到王府井大街时，国民党政府出动大批军警，用木棍、大刀和水龙向学生们袭击。学生们热血沸腾，赤手空拳，同反动军警展开了英勇的搏斗。

虽然有100多人受伤，30多人被捕，但学生们毫不畏惧，斗志昂扬，坚持战斗了一整天。第二天，全市学生总罢课，并酝酿着进行更大规模的斗争。

12月16日，是"冀察政务委员会"预定成立的日子。北平学生和市民3万余人，再次举行大示威，并在天桥召开了市民大会。大会通过了反对日本帝国主义侵略中国、不承认"冀察政务委员会"、反对华北任何傀儡组织、收复东北失地等项决议案。

北平学生的爱国行动又遭到镇压，激起了全国各阶层群众对国民党反动派的愤怒。上海、天津、南京、杭州、武汉、广州、西安、长沙以及偏远地区的学生，纷纷举行示威游行、罢课，形成了全国抗日爱国运动的新高潮。

在"一二·九"和"一二·一六"示威游行后，共产党号召青年学生到工农群众中去，扩大抗日救亡宣传。平、津学生立即组织了"南下扩大宣传团"，分途沿铁路线步行南下，到河北农村中去进行宣传活动。

接着，上海等城市学生也组织了救国宣传团，进入农村。青年学生宣传了抗日的道理，也从中受到了教育和锻炼。与此同时，共产党还在先进青年中建立了"中华民族解放先锋队"（简称民先队），成为抗战爆发前后共产党在青年运动中的骨干力量。

"一二·九"运动是抗战动员的运动，全民抗战的发动。它是伟大抗日战争的准备。它不仅指出了知识分子与工农群众相结合的正确方向，而且成为中国共产党领导下的中国青年运动走向成熟的标志。

◎故事感悟

在民族危亡的时刻，中国青年学生为了抗击侵略者，起到了民族解放的先锋作用。他们不畏强暴，勇敢斗争，极大地鼓舞了全国人民奋起抗战的斗志和勇气，直至最后取得胜利。

◎史海撷英

八一宣言

1935年8月1日，中国共产党驻共产国际代表团根据国内外政治形势的变化，以及共产国际第七次代表大会关于建立世界反法西斯统一战线的政策，以中共中央和中华苏维埃中央政府的名义，发表了《为抗日救国告全体同胞书》，史称"八一宣言"。

这个重要历史文献是王明为首的中共驻共产国际代表团起草，并在莫斯科发表的，使用了中华苏维埃中央政府和中共中央名义，但和长征途中的中央领导人张闻天、毛泽东等无关。

"八一宣言"的主要内容是：

一、分析了"九一八"事变后的国内政治形势，揭露日本帝国主义对华北的侵略及企图灭亡中国的野心，痛斥国民党的不抵抗政策。

二、指出中华民族正处在千钧一发的生死关头，抗日救国已成为每个同胞的神圣天职，号召全中国人民动员起来，停止内战，一致抗日。

三、提出中国共产党当前的政治主张是组织国防政府和抗日联军，并提出十条方针作为国防政府的施政纲领。宣言指出，在日本帝国主义疯狂侵略和国民党政府加紧卖国的情况下，亡国灭族的大祸迫在眉睫，中共再一次向全体同胞呼吁：无论各党派之间过去和现在有任何政见和利害的不同，无论各界同胞有任何意见上或利益上的差异，无论各军队间过去和现在有任何敌对行动，都应该团结起来，停止内战，一致抗日。

◎文苑拾萃

抗日救国十大纲领

一、抗日救国，收复失地。

二、救灾治水，安定民生。

三、没收日寇在华一切财产，充作对日战费。

四、没收汉奸卖国贼财产、粮食、土地，交给贫苦同胞和抗日战士享用。

五、废除苛捐杂税，整理财政金融，发展工农商业。

六、加薪加饷，改良工农军学各界生活。

七、实行民主自由，释放一切政治犯。

八、实行免费教育，安置失业青年。

九、实行中国境内各民族一律平等政策，保护侨胞在国内外生命、财产、居住和营业的自由。

十、联合一切反对帝国主义的民众（日本国内劳苦民众，高丽、台湾等民族）作友军，联合一切同情中国民族解放运动的民族和国家，与一切对中国民众反日解放战争守善意中立的民族和国家建立友谊关系。

ZHONGHUACHUANTONGMEIDEBAIZIJING

中华传统美德百字经

争·敢于斗争

第三篇

臧否人物维护尊严

秉笔直书四兄弟

◎崎岖的石径磨不破脚底的老茧。——格言

> 崔杼（？—前546年），姓姜，氏崔，名杼，谥武，又称崔子、崔武子。春秋齐国大夫，后为齐国执政。在齐执政二三十年，当国秉政，骄横异常，先后立庄公、景公，在朝中大肆杀戮，造成齐国政局动荡。

公元前548年，正是周灵王二十四年，齐庄公七年。

这年夏天，一直想独揽朝政的崔杼以夫人为诱饵，设下毒计，在府中杀害了齐庄公，立齐庄公的弟弟为国君，史称齐景公。

齐庄公是个昏君，即位后不理政事，生活十分糜烂。他后宫美女如云，却仍不知足。他听说崔杼的夫人棠姜长得美如天仙后，便千方百计勾引她，终于把她搞到了手。

当崔杼得知棠姜已与齐庄公有染后，顿生杀机，要另立新君，为自己谋权。于是装病在家，诱使齐庄公以探病为名与棠姜幽会。

齐庄公果然中计，当他与棠姜正在卿卿我我、云雨缠绵之时，崔杼预先布置好的甲士大喊："抓淫贼！"边喊边挺戈而出。

齐庄公一再求饶，没人理他。他又要求自裁，也没有办到。最后，他死在乱戈之下。

崔杼在齐国执政二三十年，骄横跋扈。他在朝中大肆杀戮，使齐国政局动荡不已。

齐庄公死后，崔杼对太史伯说："前几天主公调戏我的夫人，被人杀了。为了照顾主公的名誉，你一定要隐恶扬善，只写：先君害病身亡就行了。"

太史伯冷冷地回答说："据实写史是史官的职责。主公是怎么死的，朝廷内外人人心里都明白。让我说假话是办不到的。"

太史伯是齐国的史官，家中兄弟四人，一向疾恶如仇，忠奸善恶逃不过他们的眼睛。

崔杼问道："那你是怎样写的呢，能让我看看吗？"

太史伯说："据实而书，从不怕看。"说完，从宽大的袖子里掏出竹简。

崔杼接过竹简，仔细一瞧，上面写道："夏五月乙亥，崔杼弑其君。"

崔杼看罢勃然大怒，喝道："这是诬蔑先君，回去照我说的去写，明天一早送来！"他狠狠地将竹简摔到太史伯的脚下。

太史伯回到家后，对三个弟弟说道："崔杼弑君，这是事实。我如实记载，必遭崔杼毒手。我死之后，二弟必为史官，万不可忘记史官的职责，一定要如实记载。"

兄弟四人相顾流泪，二弟发誓说："如做史官，我一定秉笔直书，绝不歪曲历史。"

第二天，太史伯将写好的竹简交给崔杼。崔杼见一字未改，勃然大怒道："你不怕掉脑袋吗？为什么不按我说的写？"

太史伯面无惧色，说道："宁可杀头，我也不能歪曲历史。"

崔杼不由分说，拔出宝剑，杀了太史伯。

太史伯被杀后，二弟太史仲接任了哥哥的职位。

崔杼见新太史的竹简上面仍然写着"夏五月乙亥，崔杼弑其君"，气得暴跳如雷，问道："为什么不听话，一定要走你哥哥的路？"

太史仲回答道："史官只知尊重史实，不能听任何人的。我哥哥做得对，

我要和他一样。"

崔杼气得浑身乱抖，狞笑道："那好，去找你哥哥吧。"说罢，手起剑落，又杀了太史仲。

接着，崔杼又杀了依然秉笔直书的三弟太史叔。

太史伯兄弟三人相继被崔杼杀死，史官的职位落到四弟太史季的头上。

崔杼软硬兼施地说："你年轻有为，只要按我说的写，就可以做高官。如果不识抬举，我就让你们兄弟四人一起团聚。"

太史季虽然年纪小，胆子却特别大。他指着崔杼的鼻子，大声说道："我的三位哥哥秉笔直书，不说假话，都是良史，为什么要杀他们？我只重事实，要我听你的话，那是绝对办不到的。如果你嫌杀得少，就请动手吧！你手中有权，可以杀掉史官，但你能把知道这件事的人全部杀光吗？你不许我写，但你改变不了事实。"说完，把头伸到崔杼的面前。

崔杼听了太史季的话，不由得一愣，过了一会儿，无可奈何地说："我也是为了国家才杀掉这个无道昏君的。即使你秉笔直书，国人也会谅解我。我不杀你，你现在想怎么写就怎么写吧。"

太史季在回家的路上，遇到了另一个史官南史氏。南史氏对他说："我担心你也会惨遭不幸，因此背着竹简，准备去接你的班呢。"

太史季听了南史氏的话，浑身充满了力量，高兴地说："不必去了，我已经秉笔直书了。"

◎故事感悟

太史伯兄弟四人为了坚持真理，尊重史实，勇敢地和当权者做斗争。他们宁死不屈的优良品德为后人树立了学习的楷模。

◎史海撷英

竹简书

　　自上古结绳记事，便有了人类文明的历史印迹。随后，古老的文字在甲骨、金鼎、竹木、绢帛以及纸张上薪火相传，历史的脉络也渐为清晰地展现出来。而其中的竹木简牍作为纸张普及之前文字传承的主导形式，绵延了殷商直至魏晋的千余年历史。在中国文字承载形式的更迭演变中，占据了长达一半以上的悠长岁月。

盖宽饶当官

◎松柏死不变，千年色青青。志士贫更坚，守道无异营。——孟郊

盖宽饶（生卒年不详），字次公。汉宣帝时魏郡人。西汉文官司隶校尉，以刚正廉直著称于世。他极为刚正，看到朝廷中有不正之风，就不管得罪什么人，都要在上朝时向皇上说个明白，于是朝中人人小心，风气也清廉一时，皇亲国戚也都小心翼翼。

盖宽饶被封为司马后，一上任就亲自巡察士兵的营房，慰问患病的士兵，并安排送去医药，对他们非常关心。

等到岁末服役期满办交接时，汉宣帝亲临慰劳，几千名士兵都向汉宣帝叩头说："我们自愿请求多服役一年，来报答盖公的厚恩。"

为此，汉宣帝嘉奖了盖宽饶，并提拔他做了太中大夫，负责巡察世风。

盖宽饶为人爱憎分明，疾恶如仇，对不良的社会风气给予无情的批判。

不久，盖宽饶又被提拔为司隶校尉。他在追查和检举坏人时从不回避，更不手软。无论大小过失都要检举，因此被他弹劾的人很多。皇亲国戚以及郡国到长安办事的官员都很惧怕他，百姓都说他疾恶如仇，权贵都说他是猛兽。

从此，京城里再也没人敢触犯禁令了，京城面貌焕然一新，秩序井然，成了各个郡国的榜样。

有一天，平恩侯许伯乔迁新居，在府上设宴，丞相、御史、将军都去道贺，唯独盖宽饶没有去。许伯专程去请盖宽饶，他这才去赴宴。

许伯亲自为盖宽饶斟酒，说："因为你来晚了，请喝一杯吧。"

盖宽饶说："不要给我斟酒，我是个容易借酒发狂的人。"

丞相魏侯笑着说："清醒时也敢发狂，为什么一定要借酒呢？"

在座的人都目不转睛地看着盖宽饶，对他充满敬意。

过了一会儿，酒酣耳热，乐队奏起了音乐。长信少府檀长卿趁着酒兴，起来跳舞，扮成猴子与狗相斗的样子。宾客见了檀长卿的滑稽样子，无不捧腹大笑。

盖宽饶一见此情景，勃然大怒，拂袖而去。

第二天，盖宽饶上书弹劾檀长卿，说他身为列卿，却扮成猴子嬉戏，有失礼数，丢尽大臣们的脸面。

汉宣帝见了弹劾奏章，要惩治檀长卿。许伯忙上前替他谢罪，汉宣帝过了很久怒气才消。

盖宽饶家中贫困，每月俸禄仅几千钱，但他仍将其中的一半赏给为他当耳目、送消息的小吏和平民。他身为堂堂的司隶校尉，却经常让他的儿子步行前去戍守北方边境。

有人说他为人苛刻，好陷害人，在位的高官及权贵几乎都与他结怨。

正是因为盖宽饶的性格，他经常批评朝政，有错必纠，终于冒犯了汉宣帝，盖宽饶再也未受到提升，而他的同僚有的都官至九卿了。盖宽饶公正清廉，才能过人，有益于国家，却被平庸之辈超越，未免失意不快。

汉宣帝宠信宦官，重用宦官，盖宽饶专就此事上奏章。汉宣帝认为他心怀怨恨，诽谤朝廷，罢了他的官。盖宽饶咽不下这口气，便在宫前用佩刀自杀了。

官民听到这个消息后，无不同情他，都说他死得太冤了。

◎故事感悟

盖宽饶爱憎分明，不畏权贵，敢于无情地批评不良的社会风气，舍生取义的高尚情操值得后人学习。

◎史海撷英

汉承秦制

刘邦建立的汉王朝基本上因袭了秦朝的政治制度，国家的最高统治者是皇帝，在中央设丞相、太尉、御史大夫，分别掌管政务、军事和监察。再下设"九卿"，具体管理国家军政和宫廷等事务。

地方上主要沿袭秦朝的郡县制，县以下的基层组织仍是乡、里。所不同的是，汉初有大量的封国。

◎文苑拾萃

汉初三杰

张良，字子房，出身于韩国贵族。传为城父（今安徽亳县东南）人。汉初谋臣，封留侯，后因病隐居。

萧何，卒于公元前193年。沛县（今江苏沛县）人。西汉第一任丞相，后尊为国相。高祖封功臣，他功列第一。

韩信，卒于公元前196年。淮阴（今江苏清江西南）人。汉初大将，初封齐王，后改封楚王。汉十一年，因谋反被吕后所杀。

他们三人帮助刘邦消灭项羽，建立了统一的汉王朝。刘邦称赞说："运筹于帷幄之中，决胜于千里之外，吾不如子房；镇国家，抚百姓，给馈养，不绝粮道，吾不如萧何；连百万之军，战必胜，攻必取，吾不如韩信。此三者，皆人杰也。"后世称张良、萧何、韩信为"汉初三杰"。

王尊治水

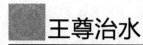

◎愿存坚贞节，勿为霜霰欺。——孟郊

汉元帝刘奭（公元前74—前33年），西汉第十一位皇帝。汉宣帝长子，生于民间，母恭哀皇后许平君。宣帝死后继位，在位16年，即公元前49—前33年。

王尊是汉元帝时的循吏，为官廉洁正直。

东平王刘宇是汉元帝的弟弟，为人极其骄横，不守法度，连汉元帝都很头疼。

后来，汉元帝听说王尊疾恶如仇，是个敢作敢为的人，便让王尊担任东平王国的国相，去辅佐刘宇。

王尊上任后，直言敢谏，为此刘宇和当地的恶势力都惧怕他，开始有所收敛了。

刘宇喜欢游玩，经常微服私访。王尊发现刘宇任意外出后，立即命令厩长说："如果东平王因私事外出，不要给他驾车。"

为此，刘宇很不高兴。有一天，王尊入王宫谒见刘宇。刘宇本来一肚子气，想要发作，但王尊毕竟是皇上派来的国相，只得让他就座。

王尊目光如炬，早已看出刘宇在想什么，便毫不客气地对刘宇说："我奉命前来做大王的国相，朋友都为我惋惜。人们都说大王很勇敢，但我上任多时，并未发现大王勇在何处。依我看，大王不过因为是皇上的弟弟而显得高贵，这怎么能算是勇敢呢？"

刘宇听了这话，脸色骤变，想杀了王尊，但又怕得罪朝廷。刘宇眉头一皱，计上心来，强作笑颜对王尊说："我想观赏一下相公的佩刀。"

王尊知道他不怀好意，便对刘宇的侍臣说："你敢为我拔刀献给大王吗？"

不等侍臣回答，王尊又正气凛然地对刘宇说："看来，大王真是无勇，所以才设计陷害我。你要赏刀，无非是借我拔刀之机说我要杀大王罢了。"

刘宇的阴谋被王尊一语道破，刘宇觉得十分惭愧，又听说王尊一贯是犯颜直谏的，也就消了气。他命侍臣摆酒，与王尊开怀畅饮，尽欢而散。

刘宇的母亲东平太后见王尊疾恶如仇，处处限制他的儿子，心里受不了，便上书朝廷说："王尊居功自傲，没有臣子应有的谦恭。他来东平国之后，我们母子处处受他管制，恐怕早晚会被他逼死的。"

汉元帝读罢奏章，信以为真，立即将王尊免职，废为庶人。后来，朝廷急于用人，又不得不起用王尊。

王尊出山后，先后担任过司隶校尉、京兆尹、徐州刺史等官，每到一地，都是政绩斐然，官声极佳。

后来，王尊又被调任东郡太守。王尊虽然疾恶如仇，却又爱憎分明，对百姓可谓爱民如子。

东郡靠近黄河，全仗金堤拦住河水。王尊上任不久，河水突然上涨，马上就要漫过金堤了。王尊闻信，急忙上马来到河滨金堤上察看，只见河水汹涌澎湃，好像一只暴怒飞蹿的巨蟒，令人心惊胆战。

情况万分紧急，真是危在旦夕。王尊立即派民工搬运土石，投到河里固堤。但土石刚投到河里，立刻就被急流冲走了。眼看大堤将要冲垮，王尊仍坚守在河堤上。他让人搭起帐篷，竟睡在大堤之上不走了。

这时，数十万百姓跪在堤下，不停地叩头，请王尊回郡衙，王尊就是不肯回去。过了一会儿，水势又增，惊涛骇浪打在堤上，堤上的泥土纷纷坠落，大堤被冲得乱晃，眼看就要冲垮了。

吏民见状，纷纷逃去，只有一个主簿站在王尊身旁，寸步不离，低头哭泣。又过了一会儿，洪水竟到此为止，没有继续上涨，而是渐渐退回去了。百姓都说："王大人疾恶如仇，如今他是把逞凶肆虐的黄河也当做仇人了，决不后退一步。"

王尊带领官民将金堤重新修好。王尊用身体勇挡洪水的那一幕实在太感人了，于是，东郡官民将事情的经过从头到尾写得清清楚楚，然后上报朝廷。朝廷核实后，为王尊增加俸禄，还赐给他20斤黄金。

过了几年，王尊去世了，东郡官民争着为他修建了祠堂为他祭祀。

◎故事感悟

王尊敢于和恶势力作斗争，为了百姓的生命财产，面对汹涌澎湃的河水也毫不畏惧，将个人生死置之度外。他的所作所为，无不体现了他视民众的利益高于一切的优良品质。

◎史海撷英

王氏发迹

西汉的皇权，从建国开始就由三种力量组成：皇帝、功臣和外戚。这三种力量发展到元成以后，外戚王氏开始涉入政治，逐渐把持了大汉帝国的政权。

王政君是战国田齐旧贵族的后代。王政君生于本始三年（公元前71年），小时候跟随爷爷王贺住在山东时，曾许配过人家，但没等结婚，未婚夫就死了。

后来，东平王刘宇见她清秀聪慧，聘她为姬妾，仍是没等过门，东平王又死了。其父王禁迷信，就找了卜者为女儿看相算命。卜者说："当大贵，不可言。"

王禁听了这话，便不惜重资请师教她读书学经，教她学习琴棋书画等，并逐渐熏陶其贵族礼仪。

汉宣帝五凤四年（公元前54年），王政君年满18岁。王禁想方设法地把王政君送到官中，做了一名官女。没想到太子不经意的一指，王政君不但到了太子官，不久还怀了身孕，第二年就为太子生下了第一个儿子刘骜。

黄龙元年（公元前49年），汉宣帝去世，皇太子即位，史称汉元帝。封王政君之父王禁为阳平侯，仅三天之后，又立王政君为皇后。第二年，又立5岁的长

子刘骜为皇太子，王禁的弟弟王弘也被委予长乐卫尉的重任。

汉元帝永光二年（公元前42年），王禁去世，其长子王凤继承侯位，并被任命为卫尉、侍中之职。

◎文苑拾萃

一人得道，鸡犬升天

比喻家中一个人做了官，和他有关系的人也都跟着得势。这个成语来自中国的道教。

在汉朝时期，有一个淮南王名叫刘安，拜道教八公为师，学习道家的道术与炼丹术。

经过多年的苦心修炼，刘安小有成效，特别是在炼丹术上取得巨大成功，练成了长生不死之神丹，神丹炼成后，尚未服用。

听到汉武帝遣人来抓捕刘安，刘安的师父告诉刘安，你已经得道，修成了正果，现在服丹即可成仙。

于是，刘安与家人立即服下丹药，成为了神仙，所剩余的神丹药弃置于院内，鸡犬舐啄，也得到正果，随刘安升天而去。

"一人得道，鸡犬升天"就是据此神话而来。后来，人们用淮南王得道，带领全家升天之事，用以比喻一人得势，与其有关者亦皆随之发迹。

现在，这个成语多含讽刺意味，常用于讽刺官场上的裙带关系。

陆龟蒙与斗鸭池

◎聪明的人用智慧和别人斗争。——格言

陆龟蒙（？—881年），字鲁望，唐朝苏州吴县（今属江苏）人，自号江湖散人、甫里先生，又号天随子，陆元方七世孙，其父陆宾虞曾任御史之职。进士不第，曾在湖州、苏州从事幕僚。随湖州刺史张博游历，后来回到了故乡苏州甫里（今江苏吴县东南甪直镇），过着隐居耕读的生活，自号天随子；由于甫里地低下，常苦水潦，乃至饥馑，著有《耒耜经》，是一本农学书；喜爱品茗，在顾渚山下辟一茶园，耕读之余，则喜好垂钓。与皮日休为友，时常在一起游山玩水，饮酒吟诗，世称"皮陆"，二人唱和之作编为《松陵集》十卷。

吴淞江边上有一座千年古镇，叫甪直古镇。唐代大诗人陆龟蒙曾经隐居在这里，所以它又叫甫里镇。陆龟蒙为人正直，很有学问，在官场上浪迹几年后，就早早隐退而居，喜欢和老百姓交朋友，大家都很喜欢他。

陆龟蒙家住在白莲寺旁。他住的地方有一座"清风亭"，亭旁边有一座池塘。清风亭，是他经常在那里读书的地方。池塘，是他养鸭的地方。鸭群成双成对地在池里觅食、嬉水、争斗，所以叫"斗鸭鸟池"，非常有趣。

有一天，朝中来了一个太监，见池里鸭群嬉水争斗追逐，十分高兴。尤其是那只五彩头毛的雄鸭，羽毛闪闪发光，漂亮得像只雄鸳鸯，非常讨人欢喜。

有人告诉太监，这就是陆龟蒙最心爱的一只鸭子。太监一听，心中升起一股无名怒火，拉起弹弓，"咚"一声，弹子正巧打在雄鸭的头上，雄鸭惨叫一声就死去了。

陆龟蒙听见雄鸭惨叫声，急忙从屋内奔出来，只见他心爱的雄鸭已经死在池中，鲜血染红了一片池水。再看看太监，手里拿着弹弓脸上露出得意的神色。

陆龟蒙十分生气，但他不动声色，上前施礼道："请问，这鸭是你打死的吗？"

太监瞪了他一眼，用鼻孔嗯了一声，说："正是。"

陆龟蒙不紧不慢、压低嗓子说："你闯大祸啦！"

太监莫名其妙地说："什么？什么？"

陆龟蒙说："这不是平平常常的鸭子，这是我进贡给皇帝的'贡鸭'，现在被你打死了，你看怎么办？"

太监"啊"的一声，急得额头上直冒冷汗。他定了定神，眼珠贼溜溜一转，带着狡猾的笑脸问："你的鸭有什么记号？"

"我的鸭已上书皇上，它的叫声特别好听。"

"别吓人，鸭子是粗嗓门，有什么好听的？"

"对啊，平常鸭子叫起来嘎嘎嘎，而这只鸭子叫起来哈哈哈，跟人笑差不多。它不但会笑，还和八哥一样会讲话，大家叫它'能言鸭'，这可是稀世珍宝。如今我只好上书皇帝，说鸭子是你打死的！"

太监一听，面色一会儿青，一会儿灰，一会儿白，一会儿黄，吓酥了。

太监抖着喉咙甩着腿，苦苦哀求："大人，我有眼不识泰山，请多多包涵，你给皇上上书，只说鸭子生病死了，切莫提我，我……我赔，我愿赔。"

陆龟蒙趁势教训道："今后遇事要谨慎，切不可胡作非为！"太监连连拱手称谢。

陆龟蒙智斗太监，为大家出了一口气。他智斗太监的这个斗鸭池，一直保存到现在，其传说也一直流传至今。

◎**故事感悟**

对于恃强凌弱的狂妄之徒，如果正面斗不过他，不妨用智斗的办法应付。只要运用巧妙，就会有力重千钧的效果，使对方威风扫地。

◎史海撷英

唐朝农业的发展

唐朝的农业有很大的发展，主要表现在：

第一，农民在生产中，通过不断实践，改进了耕犁的构造，制造了"曲辕犁"，这种耕犁工具极大地提高了耕种速度和方便使用；在农业灌溉技术上，创造了新型灌溉工具筒车。

第二，大力兴修水利，在黄河、长江等流域开凿一系列灌溉渠，并整修旧渠和开凿河堰，提高了灌溉面积。

第三，开垦了大量的荒田，使可耕种土地逐年增加。

唐政府每年向农民征收大量的粮食和布帛。唐代人口大大增加，玄宗时的户数是唐太宗时的近三倍。

◎文苑拾萃

白　莲

（唐）陆龟蒙

素花多蒙别艳欺，此花端合在瑶池。

无情有恨何人见，月晓风清欲堕时。

周顺昌斥阉党

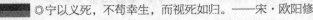

◎宁以义死，不苟幸生，而视死如归。——宋·欧阳修

> 周顺昌（1584—1626年），字景文，号蓼洲，谥忠介。吴县（今江苏苏州）人。东林党人，被宦官魏忠贤所害，引发了苏州抗议事件，最后被酷刑虐死于狱中。善画墨兰，著有《烬余集》。

　　周顺昌平素为人正直、清廉，对民间疾苦多有关注。时当明朝宦官专权，朝廷、地方许多当权的官员都与宦官有勾结。福州税吏高寀，就是宦官党人之一。他在福州横行乡里、鱼肉百姓，终于在万历四十二年引起福州市民的反对。在这场官与民之间的斗争中，周顺昌坚定地站在市民一边，表现出非凡的节义精神。

　　后来，周顺昌进入吏部，当选文司员外郎，开始掌管官吏任免、考核、升降、调动等事宜。掌管人事的官员，往往容易滋生腐败，但是周顺昌虽然大权在握，却依然清廉正直。后来他被革职，离开京师。返回南方的时候，没有所谓的"衣锦还乡"，只有一担行李，真可谓"两袖清风"。朝野官员都感叹说，像他这样做官的真是少有。

　　由于周顺昌为人清正，尤其是性格倔强，对于那些大是大非的问题，他都是从正义的角度出发。斥责宦官的丑恶行为的时候更是"热血横流，声色俱厉"，所以处处得罪阉党。

　　当时，全国阉党头子魏忠贤对周顺昌恨之入骨，很早就把他列入《东林点将录》里面。东林党是当时反对宦官当政最为激烈的一些知识分子，宦官们对他们最为痛恨。所谓《东林点将录》，其实就是阉党即将要逮捕的官员的黑名单。

天启五年（1625年），被魏忠贤迫害、时称"六君子"之一的魏大中被捕，押往京城，途经苏州。当时周顺昌正请假，在苏州闲住，听说这个消息，特意与魏大中相见。

两个人聊了整整一天，在谈话中，切齿痛骂阉党。周顺昌为了表示对阉党的愤恨，同时为了表示对魏大中等勇于同阉党作斗争的正义之士的钦佩，还把自己的女儿许配给魏大中的孙子。

这件事被缇绮（魏忠贤控制的东厂、锦衣卫等特务机关里面的官吏）获知，报告魏忠贤。魏忠贤大怒，把周顺昌革职为民。

周顺昌虽然已经不做官了，但是仍然关心当地百姓事务。他不断地替百姓申冤，并关心水旱征徭之事，热情地把这些事情向有关部门反映。另外他还大力帮助、扶持贫苦的书生，当地的老百姓对周顺昌非常爱戴。

周顺昌被罢官，这只不过是阉党的第一步棋，他们决不会就此罢休，他们的最终目的是努力寻找周顺昌的过错，然后伺机将他置于死地。不久，原江苏巡抚周起元也被罢官。在他即将离开苏州的时候，周顺昌写了一篇文章为他送行，其中充满了赞美周起元、斥责阉党的词句。当时新任江苏巡抚的毛一鹭是魏忠贤的死党，听说了这件事后，他伙同苏杭织造李实，诬告周起元，把周顺昌也连带进去。

由于当时苏州是全国丝织业基地，朝廷造衣服袍饰的料子大多来自这里，于是毛一鹭他们就说周顺昌和周起元相互勾结，贪污了上交的袍料。魏忠贤正愁没有借口打击周顺昌，于是乘机下一道矫诏，派人去苏州逮捕周顺昌。

天启六年三月十五日，周顺昌被捕。听说了这个消息，苏州城里的市民震惊了。一些义愤之士在市民中间募捐财物，为周顺昌送行。送行的市民成千上万，大家都痛哭流涕，一时间号声震天。

奉魏忠贤命令前来逮捕周顺昌的缇绮见此情况大怒，手里拿着剑，威胁市民说："我看你们谁还敢为他哭？"

　　早就痛恨朝廷阉党的市民忍无可忍，忽然骚乱起来，大家纷纷抓起随手的枪棒鞭子，齐心协力把缇绮打倒了。

　　打倒了缇绮，大家又想起这都是新任江苏巡抚毛一鹭从中使坏，本来大家就对他痛恨已久，于是趁热打铁，又追打起毛一鹭来，吓得他躲进厕所里面才最终得以幸免。

　　后来毛一鹭上了一道奏表，说苏州市民暴乱，请朝廷派人前来严查。最后查来查去，决定将为首的颜佩韦、杨念如、马杰、沈杨、周文元五人处死。五人临刑时，意气风发，大骂阉党，至死从容不迫。

　　周顺昌最终被抓到北京，即便在狱中被拷打得体无完肤，仍痛骂魏忠贤。同年6月17日被拷打死于狱中，终年43岁。

◎故事感悟

　　宦官之乱，早在东汉就已成为一种风气，历朝历代，最为盛者莫过于东汉和晚明。朝廷地方官员与宦官势力的争斗，其中固然包含着争权夺利的集团利益所在，但一般来说，宦官当道往往是国家政治处在最黑暗的时候。而周顺昌敢于进行抗击宦官的斗争，而且忠勇坚强，确实值得称道。

◎史海撷英

东林党

　　东林党是明朝晚期以江南士大夫为主的一个政治集团。

　　万历三十二年（1604年），被革职还乡的顾宪成在常州知府欧阳东凤、无锡知县林宰的资助下，修复了宋代杨时讲学所用的东林书院。很多人在此讲学，而讲习之余，常常也会讽议朝政，议论当朝人物。这些言论被称为"清议"。

　　这种政治性的讲学活动渐渐产生了广泛的社会影响。一时间，不论在朝在野的各种政治代表人物、各方城市势力代表及某些地方实力派等人物，都聚集在以东林书院为中心的东林派周围，时人称之为"东林党"。

明神宗朱翊钧统治的后期，由于宦官擅权，政治日益腐化，社会矛盾逐渐激化。针对这一形势，东林党人提出了"反对矿监税使掠夺、减轻赋役负担、发展东南地区经济"等主张。

此外，他们还主张开放言路、实行改良等针砭时政的意见。这些建议逐渐得到了社会的认同和支持，但同时也遭到宦官及其依附势力的激烈反对。

天启帝时期，宦官魏忠贤专权，形成了势力强大的阉党集团。齐、楚、浙各党争相依附阉党，对东林党人进行血腥镇压。

天启四年（1624年），东林党人杨涟由于弹劾魏忠贤二十四大罪而被捕，与左光斗、黄尊素、周顺昌等人一同被杀害。随后，魏忠贤又派人编写《三朝要典》，借有名的三案（红丸案、梃击案、移宫案）为题，毁掉了东林书院，打击东林党人，东林党中的许多人士都先后被害。

此外，魏忠贤还指使党羽制造《东林点将录》，将著名的东林党人分别加以《水浒传》一百零八将的绰号，企图将其一网打尽。

明天启七年，明思宗朱由检即位，魏忠贤畏罪自缢而死。次年，思宗毁《三朝要典》。至此，对东林党人的迫害才宣告结束。

◎文苑拾萃

顾宪成的对联

风声　雨声　读书声　声声入耳，

家事　国事　天下事　事事关心。

这副对联镌刻在东林书院的大门口。

顾宪成在读书中，非常仰慕前贤先哲的为人，一心想仿照那些德高望重的人的思想举动去行事。他自撰了一副对联："风声雨声读书声声声入耳，家事国事天下事事事关心"，表达了他读书期间对社会的关注。当时社会风气不正，一些人品德浪不端正，没有是非观念，注重私利，见风使舵。顾宪成对这种状况愤愤不平，时时想找出矫正的办法，做到把书本知识和社会实际结合起来进行研究。

饯行宴上挫骄狂

◎一个人的真正的英勇果敢，决不等于用拳头制止别人发言。——格言

周渔璜（1665—1714年），字渔璜，一字桐埜。贵阳青岩骑龙人。清初著名学者、诗人。父亲周国柱有四子，渔璜排行第一。康熙三十三年（1694年）中甲戌科进士。选庶吉士，散馆授检讨。曾参与《皇舆表》之修纂，奉命修《渊鉴类函》，编纂《康熙字典》。康熙四十九年（1710年）擢升翰林院侍读。康熙五十一年（1712年）升侍读学士。康熙五十二年四月，升詹事府詹事，奉命致祭东岳泰山，入冬回京，劳累成疾。康熙五十三年（1714年）卒于官。其父将其故宅捐为贵州会馆，扶柩归黔。著有《桐野诗集》四卷、《介眉集》一卷。《清史稿》中称"清诗人以起渭为冠"。

有一年，周渔璜出任江南主考。主考完毕，次日就要起程回京。晚上，文武官员聚集在巡抚衙门，设宴给他饯行。

巡抚站起来，举着酒杯，瞟了周渔璜一眼，不冷不热地大声说："江南一地，乃世代才子之乡。这次周大人奉旨前来主考，真是辛辛苦苦地白跑了一趟。像周大人这样学问高深的，真是不曾多见，回京复旨，定当受到皇上加官重赏。来来来，各位大人，为周大人的锦绣前程，大家痛饮一杯！"

周渔璜摆摆手，站起来躬躬身子，平静而严肃地说："大人过奖。谈到学问，我周某僻处贵州，蒙皇上看重，这次有机会见识见识这江南世代才子之乡，实在是开了不少眼界。"

周渔璜的话音刚落，就有个身穿绿袍的官员站起来，"嘿嘿"一阵干笑说："周大人，恕我直言，你那个'地无三里平，人无三分银'的家乡，下官

去过。贵乡的才学，嘿嘿，不怕你周大人多心，下官也亲自领教过。"

他的话还没说完，就有人发出一阵阵刺耳的嬉笑声；巡抚也得意地斜着眼睛瞅了瞅周渔璜，一语双关地问道："如何？"

周渔璜神情坦然地对绿袍官员说："大人既然不远千里去过敝乡，还亲自考究过学问，实在是敝乡人的荣幸。但不知大人是如何的考法？"

堂下突然鸦雀无声，人们都注视着身穿绿袍的官员。只见那绿袍官员摇头晃脑地说："很简单。有一天，我对一个挑着粪桶下地的农夫说，听说你们贵州人很有学问，还出了个了不起的翰林（注文：指周渔璜），我现在出个对子给你对。"

那官员讲到这里，文武官员忍不住异口同声地问道："他对得出来吗？"

绿袍官员哈哈一笑，说："哪有那么简单！"然后有板有眼地大声念道："远望宝塔，八棱四方六面。"

众官员一听，连连点头称赞："绝对，真是绝对！不要说山野村夫，就是在座的，也没有哪个对得上。"

周渔璜等众人安静了一点，才对那个得意忘形的绿袍官员说："请问大人，当时那个农夫是怎样回答你的？"

"怎样回答？他被吓得连话都不敢跟我讲了，只是连连向我摆手，就转身下地去了。"

"如此说来，大人差矣！你出的对子，他已经给你对了出来，只是你粗心大意，未知其意罢了。"

文武官员听周渔璜这么一讲，都不由得大吃一惊。只有巡抚咧嘴一笑说："那么周大人，你晓得那农夫是咋个对的啰？"

"这很清楚。农夫不是当即伸出手掌连连摇摆吗？这就对出来了，他的意思是：近观手掌，五指两短三长。"

周渔璜说到这里，停了下来，扫了目瞪口呆的巡抚和满堂官员一眼，意味深长地说："可惜，大人的心胸太狭窄了，一时还不明白。"

从此，周渔璜的才华远近皆知。

◎故事感悟

　　越是有学问的人，越是谦逊；越是一知半解、故作风雅的人，越是骄狂。而实际生活中常常出丑无颜的正是那些骄狂之人。

◎史海撷英

科　举

　　科举是一种通过考试来选拔官吏的制度，也是古代中国的一项重要政治制度，对中国社会和文化产生了巨大影响。

　　科举制度直接催生了不论门第、以考试产生的"士大夫"阶层。邻近中国的亚洲国家，如越南、日本和朝鲜等国家，也曾引入了这种制度来选拔人才。

　　科举始于隋朝，发展并成熟于唐朝，在中国一直延续到清朝末年，并于1905年被废除，而在越南更迟至阮朝末年的1919年才废除，持续了1300多年。

吴敬梓拒绝赴考

◎为善则预，为恶则去。——颜之推

> 吴敬梓（1701—1754年），字敏轩，一字文木，号粒民。清代小说家。汉族。安徽全椒人。吴敬梓一生创作了大量的诗歌、散文和史学研究著作，有《文木山房诗文集》十二卷，今存四卷。他创作的长篇讽刺小说《儒林外史》确立了他在中国文学史上的杰出地位。

吴敬梓离开老家全椒县城，移居到南京秦淮水亭的第三年春天，正值清朝乾隆皇帝登基，在北京下诏书，要开"博学鸿词"科考，让全国各省选拔人才到京城廷试。

吴敬梓的学问大，能诗善文，字又写得漂亮，在那时的江南，没有哪个能压倒他的。如去应考，黄榜及第，一定十拿九稳。

当时，吴敬梓住在南京，属于江宁府学训导唐时琳的管学区。这个唐时琳心想：我只要荐举吴敬梓，今后皇上少不了也会在我的面子上赏赏光的。他想到这里，不觉暗自高兴，连忙叫人备上车马，直往吴敬梓的住处奔去。

却说这天吴敬梓正在准备写他的小说《儒林外史》。他坐在一张破桌子前面，左手按着端砚，右手握着徽墨，两眉紧紧锁着，一面研着墨，一面嘴里不停地在咕哝着什么，门外传来的车马喧嚣声，他一点儿都不在意。

"敬梓先生恭听：江宁府学训导唐时琳前来邀请先生赴京参加'博学鸿词'科廷试！"唐时琳的侍从说完后，便推开吴敬梓的破竹门。随即，那个衣冠楚楚、文质彬彬的唐时琳便走进门来。

尽管府学官驾到门前，吴敬梓却仍旧坐在那里纹丝未动，只是暂停了研墨，抬了抬厌倦的眼皮。

唐时琳看他这个样子，有些尴尬，又不好发作，只好站在桌子面前说："卑职此来是想推荐吴先生参加廷试的。吴先生虽是安徽人氏，可如今住在卑职的学区之内，卑职不能不有所照应，故特来荐请先生。"

吴敬梓早已得知廷试的诏书，听唐时琳这么一说，不觉心中生厌，便绷着脸气愤地研起墨来。他一边研一边蘸水，又故意使劲地研着，越研越快，砚台上发出"吱留吱留"的声音，一连串的墨水直往外溅，一直溅到唐时琳的身上。

唐时琳眼看着自己的衣服沾上点点墨迹，却连半句回话都未得到，气得胡子直翘，只好狠狠地甩了甩衣袖，愤恨地骂道："不识抬举，怪人，疯子！"骂完便走了出去，带着侍从扫兴而归。

吴敬梓没有给唐时琳面子，唐时琳气恼不休，消息传到了江宁督学郑筜谷那里。郑筜谷自觉比唐时琳高明，便决定再去走一趟。他一面派人到吴敬梓的茅屋门前监视，一面提前派人开路，然后自己亲乘征聘贤士的车马，一路烟尘奔来。

郑筜谷坐在马车中想，唐时琳定是太生硬，我这次采用软硬兼施的办法，定能奏效。只要他吴敬梓去了京城，那时，我就要……想着想着，他的嘴角上不自觉地露出了一丝得意的微笑。

正在这时，却听先前派去监视的人员报告说："报督学，吴敬梓刚才把墙凿通，带着家小跑了，家里连个人影也没有，只有一床破被子。"

"啊！"督学一听，气得满脸发青，大声骂道，"混蛋，无用之徒！"停了半晌，只好狠狠地跺了一下脚，命令回府。

看见车马远远离去，吴敬梓在秦淮酒家的阁楼上，倒戴着白羽头巾，仰天长笑，自斟自饮，连声念道："妙哉，妙哉！"

吴敬梓刚从秦淮酒家返回茅屋不到两天工夫，原来凿的墙洞还没有修补好，忽然又听见人报："安徽巡抚赵国鳞前来劝考。"

吴敬梓一听，不觉暗暗冷笑道："嘿嘿，又来了。"他略一思忖，急忙喊过妻子叶氏，附耳说了几句之后，便急急忙忙躺到床上，蒙起被子呻吟起来。

妻子连忙坐在桌子跟前，手扶脸蛋，装作苦思的样子。

赵国鳞被一帮随员簇拥着走进茅屋，一看没有吴敬梓，便问叶氏："你家官人呢？"

叶氏慢慢抬起头来，低声细语地说："病了，床上躺着呢，看情形是不行了！"

"告诉你，这是巡抚大人。"一个随员厉声喝道，"真他娘的早不有病，晚不有病，偏偏在这个时候有病！"

正在这时，床上传来了吴敬梓凄凄惨惨、似梦似醒的叫喊声："水，……娘子，……水！"

赵国鳞见此情景，知道自己也是白跑了一趟，气狠狠地说："命中注定，不是做官的料，走！"说完爬进他的八抬大轿，灰溜溜地走了。

巡抚走后，吴敬梓"忽"地跳下床来，拉着妻子的胳膊又蹦又跳，哈哈大笑："娘子，拿酒来，陪我干一杯！"他走到门旁，望着飞快抬走的大轿，"呸"地狠狠吐了口唾沫。

这天下午，吴敬梓的朋友金兆恭听说吴敬梓三次拒考，不知是何原因，特地前来看个究竟。当他问起吴敬梓的时候，吴敬梓没有直接回答，只请他朝靠床的墙上细看。

金兆恭一看，墙上挂着八股细麻绳，就问："你这是干什么，难道这绳子里还有什么文章不成？"

吴敬梓笑着说："你走到跟前再仔细瞧瞧！"

金兆恭爬到床上，将绳子上上下下细细打量一遍，果然看清楚了：八根绳子的上头都按了一个死臭虫，下面都画了一个小小的蚊子。他捧腹大笑起来："我明白了，我明白了——你不去应考，原来是恨那八股臭文（蚊）呀！"

吴敬梓也一下子高兴起来，连忙笑着说："知我者，金兆恭也！"

金兆恭笑了一阵子，下得床来，连连拍着吴敬梓的肩膀，十分钦佩地说："你恨八股文，到了恨臭虫、蚊子的地步，真是可敬、可敬！"说着两个人都大笑起来。

据说，吴敬梓一生不准儿子学作八股文。后来，他的儿子就专攻数学，成了清朝著名的数学家。

◎故事感悟

吴敬梓是文坛的奇才，其个性也堪称一奇！他反对八股，三次拒考，可谓有勇有谋。

◎史海撷英

殿 试

殿试由唐代女皇武则天所创立，也是金、元、明、清四个朝代科举考试之一，又称御试、廷试，即指皇帝亲自出题考试。参与者是"会试"的中选者，考试目的是将"会试"合格的人再次区别名次。后于宋开宝六年（973年）成为定例，由皇帝亲自在官殿中主持，有时皇帝会委派大臣主管殿试，并不亲自策问。

在清代乾隆帝以前，并没有举行殿试的固定官殿。自乾隆帝开始，将殿试场所定为紫禁城中的保和殿。殿试后，再在太和殿举行揭晓仪式。因殿试发榜用黄纸，故称金榜，又分大小金榜，故考中进士者称"金榜题名"。

宋太宗太平兴国八年（983年），考进士被分为五甲。元顺帝时，又将进士分为三甲，殿试第一等的称为"一甲"，赐"进士及第"，只取三人，即状元、探花、榜眼；第二等的称为"二甲"，赐"进士出身"；第三等的称为"三甲"，赐"同进士出身"，二甲与三甲的第一名都叫传胪。

康熙年间，为了防止考试作弊，大臣的子弟均置为三甲，即最末甲。一甲状元授官翰林院修撰，榜眼与探花则授官翰林院编修；二甲、三甲进士则分别授庶吉士、主事、知县等。至二十九日，状元要率所有的进士上表谢恩。

◎文苑拾萃

《儒林外史》

《儒林外史》是清代杰出的现实主义长篇讽刺小说，成书于 1750 年前后，作者吴敬梓，时年 50 岁，他用了 20 年的时间撰写此书。

《儒林外史》全书 56 章，由多个生动的故事组成，这些故事都是以真人真事为原型。全书主要描写了封建社会后期知识分子及官绅的活动和精神面貌，抨击了僵化的考试制度和由此带来的严重的社会问题。

《儒林外史》是中国古代讽刺文学的典范著作，吴敬梓用他的笔，生动地刻画了生活在封建末世和科举制度下的封建文人百种形态。他对这组群像的成功塑造以及对科举、礼教和腐败事态的生动描绘，也使他成为中国文学史上批判现实主义的杰出作家之一。

《儒林外史》的成功，不但影响了近代谴责小说，且对现代讽刺文学也有深刻的启发意义。有外国学者认为：这是一部讽刺迂腐与卖弄的作品，然而却可称为世界上一部最不引经据典、最饶有诗意的散文叙述体之典范。

如今，《儒林外史》已被译成世界多种文字，成为一部世界性的文学名著。

林则徐虎门销烟

◎苟利国家生死以，岂因祸福避趋之。——林则徐

林则徐（1785—1850年），福建省侯官（今福州市区）人。字元抚，又字少穆、石麟，晚号俟村老人、俟村退叟、七十二峰退叟、瓶泉居士、栎社散人等等。是中国清朝后期政治家、思想家和诗人；官至一品，曾任湖广总督、陕甘总督和云贵总督，两次受命为钦差大臣；因其主张严禁鸦片、抵抗西方列强的侵略，被中国人视为民族英雄。根据文献记载，林则徐至少懂得英语和葡语两种外语，且着力翻译西报及西方书籍。晚清思想家魏源将林则徐及幕僚翻译的文书合编成《海国图志》，此书其后启发了晚清后期的洋务运动，乃至日本的明治维新。

矗立在北京天安门广场的人民英雄纪念碑的碑座上有10幅浮雕，记录着近百年来中国人民革命斗争的英雄事迹，第一幅就是"虎门销烟"的动人场面。

早在1773年，西方最发达的资本主义国家英国为了掠夺财富，就通过东印度公司向中国输出大批鸦片。他们采用走私和贿赂清朝官吏的卑鄙手段，把鸦片源源不断地偷偷运进中国，到1838年，输入中国的鸦片从过去的4000多箱激增到4万箱以上。这就严重地损害了中国民众的健康，同时引起中国的白银大量外流。

据估计，鸦片战争前夕，中国每年白银流出量在1000万两以上，使得中国的财政出现了严重的危机。一些爱国的人士看到这种情况，纷纷提出禁烟

主张，其中的代表人物就是林则徐。

林则徐是福建侯官县（今福州市）人，有爱国思想，他对鸦片给人民带来的灾难深恶痛绝，竭力主张禁烟。在任湖广总督时，他厉行禁烟，后来又上书道光皇帝：若不查禁鸦片，"数十年后，中原无可以御敌之兵，且无可以充饷之银"。

这些话使道光皇帝看到了清朝统治的危机。于是，他在1839年初任命林则徐为钦差大臣，前往广州查禁鸦片。

林则徐临行时向朋友们表示："祸福死生，早已置之度外。"并决心一定要清除鸦片这一祸患。

林则徐到职后，一面加紧整顿海防，一面调查鸦片贩卖的情况。人民群众深受鸦片的毒害，强烈要求禁烟。他们检举揭发有关鸦片走私的活动，协助林则徐捉拿一些重要的烟犯。林则徐根据掌握的情况，采取了严厉的禁烟措施。他通知外国商人三天内交出全部鸦片，听候处理，并要他们出具甘结，声明以后永远不再夹带鸦片。他在通知中说："若鸦片一日未绝，本大臣一日不回，誓与此事相始终，断无中止之理。"表示了禁烟的决心。

英国资产阶级不甘心放弃谋取暴利的鸦片贸易，英国驻华商务监督义律亲自出面破坏禁烟。他命令所有停泊在广州附近洋面上的英国船只开赴香港，悬挂英国国旗，由英国军舰调度，做好战斗准备，对中国进行武力威胁。

1839年3月24日，义律从澳门潜入广州，阻止外商交烟，唆使大烟贩颠地潜逃。于是，林则徐下令停止中英贸易，派兵包围英国商馆，撤离商馆里的中国雇员，切断商馆与海上的交通，派水师监视外国船只的行动。

义律看出恫吓、抗拒都无济于事，只好通知英国商人将鸦片全部交出。英、美商人共交鸦片2万多箱，重237万多斤。林则徐下令将所缴的鸦片集中在虎门海滩当众销毁，并允许民众和外国商人到场参观。

1839年6月3日清晨，人们兴高采烈地来到虎门海滩，只见高高的彩台周围彩旗林立，迎风招展。三声礼炮响过之后，坐在彩台正中的林则徐高声宣

布:"烧！"

顿时，浓烟翻滚，直冲云霄。人群立即沸腾起来，欢呼声震天动地。一直到6月25日，连续二十几天才把缴来的鸦片全部烧光。这就是震惊中外的"虎门销烟"。

焚烟后的第二年，英国就对中国发动了大规模的侵略战争。

虎门焚烟，是中国人民反对外国侵略者的正义斗争，它表明了中国人民禁毒的决心和反抗外来侵略的坚强意志，是中国近代史上反帝斗争的光辉篇章。

◎故事感悟

林则徐为了国家和民族的利益，打击外寇的经济和精神侵略，坚持抗英斗争，取得了禁烟斗争的胜利。他不愧是中国近代反帝禁毒第一人。

◎史海撷英

鸦片战争

发生在1840年6月28日—1842年8月，最后英国胜利。鸦片战争的直接原因是林则徐领导的禁烟运动，而根本原因是英殖民主义为了开辟殖民地市场，掠夺发展中国家廉价的工业原料。

英国胜利以后要求：

一、开放广州、厦门、福州、宁波、上海为通商口岸。

二、赔款2100万银元。

三、割让香港岛。

四、与英国协商关税。

鸦片战争使中国从独立的封建国家逐渐变成半殖民地半封建国家。

◎文苑拾萃

《赴戍登程口占示家人》七律二首

林则徐

其一

出门一笑莫心哀，浩荡襟怀到处开。

时事难从无过立，达官非自有生来。

风涛回首空三岛，尘壤从头数九垓。

休信儿童轻薄语，嗤他赵老送灯台。

其二

力微任重久神疲，再竭衰庸定不支。

苟利国家生死以，岂因祸福避趋之。

谪居正是君恩厚，养拙刚于戍卒宜。

戏与山妻谈故事，试吟断送老头皮。

邹容与清政府的斗争

◎我兄章枚叔，忧国心如焚。并世无知己，吾生苦不
文。一朝沦地狱，何日扫妖氛？昨夜梦和尔，同兴
革命军。——邹容

邹容（1885—1905年），原名绍陶，又名桂文，字蔚丹，留学日本时改名邹容。中国近代著名革命宣传家，《革命军》一书的作者。邹容生于四川省巴县（今重庆市巴南区），1902年自费赴日本留学，就读于东京同文书院，开始参加革命运动。1903年因与同学张继、陈独秀等人一同剪去清政府留学生监督姚文甫的发辫，事后被迫回国。至上海后，积极参加拒俄运动与爱国学社的革命活动。是年出版《革命军》，号召人民起来革命，诛杀清帝及满人，建立独立自由的"中华共和国"。不久苏报案发，邹容与章炳麟被租界当局判处三年有期徒刑，邹容在关押二年后病死于狱中，年仅20岁。《革命军》一书风行海内外，畅销一百余万册，是清末革命书刊中流传最广的，对散播革命思想有很大贡献。1912年3月29日，中华民国临时大总统孙中山追赠邹容为陆军大将军。1943年12月，重庆市内的新生路改名为邹容路。1946年6月，在市区南区公园建立邹容烈士纪念碑。

《革命军》是一本公开号召革命的论著。它扬起了革命大旗，宣称革命是"至尊极高，独一无二，伟大绝伦之一目的"，指出革命是"天演之公例"、"世界之公理"，是"顺乎天而应乎人"的伟大行动。献身革命是每一个人不可推卸的责任。它号召"仗义群兴革命军"，就是用暴力推翻旧世界，走革命的道路。书名鲜明地标出了这个宗旨。

《革命军》的作者邹容认为：要拯救中国免于危亡的唯一出路，是革清朝的命。他说，清朝是一个极腐朽、极恶劣的封建专制政府，政治压迫和经济剥削无所不用其极。中国的士、农、工、商，都受到了压迫和摧残，中国社

会的一切生机都被它断送了。

他无情地揭露了清政府对农民进行封建剥削的残酷性。举例说：农民终日劳累而没有休息时间，受尽了地主、土豪的掠夺之外，还要受朝廷各种官吏的百般盘剥，说是纳交一两银的税，加上"火耗"、"钱价"、"库平"等种种名目，实际已是五六两银了。朝廷还美其名曰"薄赋"、"轻税"、"皇仁"，不知该作如何解释。

邹容的犀利见解，剥开了封建统治者假仁假义的画皮，一针见血地指出了封建制度的罪恶。

邹容还无情地揭露了清朝封建政权对民族资本主义的压抑，使中国工商业得不到发展。他指出，外国的资本家可以参与政治，当议员，掌政权，而中国的工商业者被贬为"末务"，卑贱如"市井"、"市侩"，不得与士大夫为伍，没有任何政治地位。一旦要偿兵费，赔教案，甚至供应各种玩好，皆取之于他们。物物有捐税，处处设关卡、抽厘金，压得工商业者透不过气来。这些正是工商业者对清朝政府最为痛心疾首的。

清朝政权应当推翻，更因为它是一个卖国的政府。邹容认为，清朝统治者是洋人的奴隶，广大中国人民又是清政府的奴隶，只有推翻清政府这个奴隶总管，才有可能使中国人变奴隶为主人。

他还指出，要从政治上革清朝的命，先要从自己思想上革"奴隶根性"的命。这种奴隶根性在中国由来已久。数千年来，忠于君，孝于祖，这是做奴隶的信条，是受压迫人民的精神枷锁，真正害死人。他又以辛辣的笔触，写了一首《奴才歌》，讽刺那些死抱封建信条的人：

奴才好！奴才好，

不管内政与外交，

大家鼓里且睡觉。

> 古今有句常言道：
>
> 臣当忠，子当孝，
>
> 大家且勿胡乱闹。

邹容认为，要打倒清政府，反对干涉中国主权的"外来恶魔"帝国主义，革命的任务是很艰巨的。他号召人民起来学习英、法等国的资产阶级革命，跟封建主义作斗争，"作十年血战之期，磨吾刀，建吾旗，各出其九死一生之魂力"。这样，革命的目的总有一天会达到的。

在《革命军》中，邹容提出了结束中国封建君主专制制度，建立"中华共和国"的革命纲领二十五条。它的民主色彩，大大超过了兴中会成立时发表的宣言，也为1905年的同盟会纲领做了思想准备。《革命军》最后充满信心地呼唤：

"革命独立万岁！"

"中华共和国万岁！"

"中华共和国四万万同胞自由万岁！"

这些口号充分地表述了当时要求革命的广大志士和人民的心声。

邹容在《革命军》完稿后，将原稿拿给章太炎看，说文字太浅露，请他润色。章太炎仔细阅读了全文，极为赞赏，认为文字虽浅直，但要感动社会上的大多数人，就非这样写不可。他主动为《革命军》作序，写道：

> 呜呼！世皆嚣昧而不知话言，主文讽切，勿为动容。不震以雷霆之声，其能化者几何！

意思是说，当世人们糊糊涂涂，不懂得那些比较隐晦讽切清政府的话，只有震以雷霆之声，才能使人猛醒，收到宣传效果。

◎故事感悟

《革命军》吹响了彻底推翻旧世界的战斗号角，举起了用暴力推翻旧世界、走革命道路的大旗，就是这种振聋发聩的"雷霆之声"，才能使人民猛醒。

◎史海撷英

兴中会

兴中会为清朝末年由孙中山和赞同孙中山主张的进步华侨所创立的、中国最早的资产阶级革命团体。

1894年（光绪二十年）夏，孙中山上书李鸿章积极要求改革。遭到拒绝后，于秋天出国。

10月，在郑观应的帮助下，孙中山从上海前往日本檀香山。这时，中日甲午战争已经爆发三个多月了，中国的海陆军连遭败绩，日军已经侵入中国东北地区。

这令怀抱"改良祖国"大志却痛感报国无门的孙中山倍感忧愤。于是，他就积极在华侨中间展开了揭露清王朝的腐朽残暴、倡议集结团体、共谋救国大计的宣传鼓动活动。

当年11月24日，二十多名赞同孙中山主张的爱国志士和进步华侨在檀香山聚议，成立了兴中会，并通过了孙中山草拟的《兴中会章程》，这标志着兴中会的成立。

兴中会的宗旨是："驱除鞑虏，恢复中华，创立合众政府。"当时，刘祥、何宽被选为首任正副主席。

《兴中会章程》中斥责了清王朝昏庸误国的行为，招致严重的民族危机，申述该会以"振兴中华，挽救中局"为宗旨。

在当时看来，兴中会不同于以往反清的旧式会党，而是一个在中国开展资产阶级民主革命的政治集团。

◎文苑拾萃

《革命军》

《革命军》一书是近代辛亥革命时期著名革命家邹容所著。当时,他的署名为"革命军马前卒"。

1903年5月,《革命军》由上海大同书局印行。同时,章太炎名著《驳康有为论革命书》也同时出版。此后,这两部书还曾合在一起刊行,称为《章邹合刊》。这两篇名著在当时成为宣传辛亥革命最有力的姐妹篇。

《革命军》以西方资产阶级革命理论为主要武器,从正面阐述了革命的正义性与必要性。积极宣传革命,排除满人统治和实行民主共和,成为该书的主旋律。

在整本书中,都充满了炽烈的革命热情,言辞气势磅礴,振聋发聩。它就犹如一声惊雷,把封建统治者的皇冠震落于地。它的作用和影响也正如鲁迅先生所评价的那样:

"便是悲壮淋漓的诗文,也不过是纸片上的东西,于后来的武昌起义怕没有什么大关系。倘说影响,则别的千言万语,大概都抵不过浅近直截的'革命军马前卒邹容'所做的《革命军》。"